QUE SAIS-JE ?

La littérature française du XVIII⁰ siècle

MICHEL KERAUTRET
Ancien élève de l'Ecole Normale Supérieure
Agrégé de lettres classiques

Deuxième édition mise à jour

14ᵉ mille

ISBN 2 13 041552 0

Dépôt légal — 1re édition : 1983
2e édition mise à jour : 1988, mars

© Presses Universitaires de France, 1983
108, boulevard Saint-Germain, 75006 Paris

PREMIÈRE PARTIE

LA PÉRIODE ROCOCO
(1700-1750)

Chapitre Premier

LE TEMPS ET L'ESPRIT DU TEMPS

I. — De Louis le Grand à Louis le Bien-Aimé

1. Les années sombres (1700-1715). — *Grandeur et misère.* — En 1700, le roi de France est « le plus puissant prince de l'Europe » et sa gloire est immense. Pourtant le spectacle que les premières années du siècle donnent aux jeunes gens qui ont vingt ans entre 1710 et 1715, c'est aussi celui des malheurs de la guerre, de la misère du peuple, du « despotisme ». La guerre de succession d'Espagne a uni toute l'Europe contre la France de Louis XIV — seule la victoire de Denain (1712) permet d'éviter le pire. Les guerres coûtent cher, la politique de prestige, les constructions royales aussi : les impôts ont fortement augmenté pendant le règne de Louis XIV mais ils ne pèsent toujours, pour l'essentiel, que sur les paysans, dont la misère épouvante, à la fin du règne, les âmes les plus généreuses (1). Que survienne un hiver trop rigoureux, comme en 1709, c'est la famine, et la mort de milliers de malheureux. Malgré la « révolution fiscale » de la première moitié du XVIIe, les finances restent le point faible :

---

(1) Boisguilbert, *Détail de la France*, 1697. Vauban, dans sa *Dixme royale* (1707), propose d'instituer un impôt unique pour toutes les classes de la population (cf. M. Parent, *Vauban un encyclopédiste avant la lettre*, rééd., Paris, 1982).

le roi doit de nouveau, à la fin du règne, recourir à des financiers, les « traitants » dont l'opulence fait un fâcheux contraste à la misère populaire. L'absolutisme, accepté volontiers quand il mettait fin aux troubles des années 1640, et qui avait su rassembler autour de lui les talents et les forces vives, semble s'enfermer à Versailles après 1685, se crisper dans le conformisme, se fermer aux diversités : devenu « despotisme », il engendre les polémiques, voire la guerre civile.

Querelles religieuses. — La révocation de l'édit de Nantes, en 1685, a aliéné au roi quelques-uns de ses plus fidèles sujets. Beaucoup d'entre eux ont émigré — les plus riches, les plus instruits —, emportant avec eux leur savoir-faire, leur culture, leur haine de l'absolutisme. Ils ont créé — ou développé — à l'étranger des foyers de culture française, libres de la censure royale : à Londres, où Saint-Evremond (1616-1703) animait déjà un cercle d'émigrés; aux Pays-Bas, patrie de la liberté de pensée; à Genève, cité de Calvin; à Berlin, qui doit à l'arrivée des huguenots sa seconde naissance. Ainsi — et de manière paradoxale — l'émigration protestante contribue au rayonnement de la culture française en Europe, mais elle permet l'élaboration d'une sorte de contre-culture, qui s'exprime dans divers périodiques et stimule une importante industrie du livre français en Hollande et à Genève : bientôt le refuge des protestants deviendra le recours des auteurs interdits. En France même, malgré les « dragonnades », malgré la victoire de Villars sur les Camisards (1702-1705), la plaie ouverte par la Révocation ne se ferme jamais jusqu'à la Révolution et l'intolérance ne cessera de scandaliser les esprits éclairés (2).

A l'intérieur de l'Eglise catholique, une autre querelle religieuse oppose vivement les jansénistes et les jésuites : bien que persécutés par le pouvoir royal et condamnés par le pape (bulle *Unigenitus*, 1713), les jansénistes, contrairement aux protestants, s'ils suscitent parfois la sympathie que l'on éprouve pour des victimes, apparaissent à beaucoup comme des fanatiques fermés au monde moderne; leurs adversaires jésuites, maîtres de l'enseignement, sont à l'apogée de leur puissance. Mais la querelle se poursuit plusieurs années, divisant « toute la Cour, tout le royaume et toutes les familles » (Montesquieu). Les jansénistes conservent d'importants soutiens à la Sorbonne

---

(2) Cf. E. G. Léonard, Histoire générale du protestantisme, 1964 (t. 3); ainsi que le recueil publié par la revue Dix-huitième siècle, Le protestantisme français en France, 1985.

et dans le milieu parlementaire gallican; ils disposent d'un journal clandestin, les *Nouvelles ecclésiastiques*, où ils se révèlent, et bien avant les jésuites, d'irréductibles adversaires des philosophes (3).

Toutes ces controverses religieuses contribuent à affaiblir l'absolutisme, contesté d'autre part dans une partie de la noblesse.

L' « *opposition* » *politique*. — Sous Louis XIV comme sous Louis XV, la vie politique se réduit à des luttes d'influence entre les clans qui se disputent le pouvoir, c'est-à-dire la faveur du roi ou celle de la favorite du moment. Mais ces oppositions de personnes — qui serviront à merveille les philosophes — se traduisent parfois par des divergences proprement politiques : ainsi, « le parti des ducs » mise sur l'héritier du trône, le duc de Bourgogne, né en 1682, dont Fénelon et Beauvillier sont convaincus d'avoir fait le modèle des princes. Dans son *Télémaque*, Fénelon (1651-1715) a proposé à son élève des exemples qui sont autant de critiques voilées du règne qui s'achève; lorsque le duc de Bourgogne devient le dauphin (1711), c'est tout un programme de réformes qu'il lui soumet (les « tables de Chaulnes »), mais la mort de l'héritier du trône (1712) ruine tous ces projets : les « réformistes » reportent leurs espoirs sur le duc d'Orléans, neveu du roi, dont ils font le régent à la mort de Louis XIV.

2. Les années souriantes (1715-1750). — *La réaction*. — A la mort de Louis XIV, selon Saint-Simon, « les provinces, au désespoir de leur ruine et de leur anéantissement, respirèrent et tressaillirent de joie... le peuple, ruiné, accablé, désespéré, rendit grâce à Dieu... ». Le nouveau roi étant mineur, le pouvoir est exercé jusqu'en 1723 par Philippe d'Orléans, prince intelligent, artiste, libertin et sceptique, à l'image d'une génération dont il partage les impatiences et les goûts. La Régence commence par une réaction très vive contre le règne précédent : aux excès de la dévotion succède une licence effrénée; après les guerres interminables, on fait du maintien de la paix l'article unique de la politique étrangère, l'ennemi anglais devenant l'allié privilégié; le « despotisme » avait brisé la grande noblesse, on la restaure dans ses droits : elle est associée étroitement au gouvernement dans le cadre du régime des Conseils (1715-1718), dont Saint-Simon est le théoricien.

(3) Cf. cependant R. Taveneaux, Jansénisme et politique, 1965.

Banqueroute et prospérité. — Pour trouver de l'argent, car les caisses sont vides, on a recours, après divers expédients, au « système de Law », qui revient à créer de la monnaie (papier) pour relancer l'activité par l'inflation (4). Lorsque cette construction fragile s'écroule en 1720, beaucoup de gens sont ruinés (dont Marivaux), tandis que d'autres ont réalisé d'énormes profits. L'inflation ayant fortement réduit les dettes, et la conjoncture favorable aidant, la croissance économique ne cessera plus jusqu'à la Révolution (5). Les villes commerçantes de la façade atlantique sont les principales bénéficiaires d'un commerce maritime en expansion rapide : les énormes profits de la traite des Noirs et de la vente du sucre servent à financer la construction des hôtels particuliers de Bordeaux, Nantes, Saint-Malo, La Rochelle, tandis que se constitue une mentalité « négociante », où entrent la confiance dans l'avenir, le goût du luxe, la bonne conscience morale. Le Voltaire des *Lettres anglaises* et du *Mondain* en est le porte-parole.

La paix. — L'optimisme de la première moitié du siècle s'explique aussi par le maintien de la paix — et notamment (jusqu'en 1740) de la paix avec l'Angleterre, indispensable à la sécurité du commerce. Sur le continent, les premiers ministres successifs, le duc de Bourbon (1723-1726) et le cardinal de Fleury (1726-1743), se contentent du *statu quo* : même la guerre de succession d'Autriche (1740-1748), qui oppose la France et la Prusse à l'Autriche alliée à l'Angleterre, ne trouble guère l'opinion car elle se déroule loin des frontières. L'alerte de 1744-1745 se termine par la victoire de Fontenoy dont Voltaire célèbre la gloire, et à la paix d'Aix-la-Chapelle, la France renonce à toute annexion ; Louis XV s'est battu pour le roi de Prusse, qui obtient la Silésie.

Le temps du luxe. — Absence de guerre, âge d'or du commerce : les valeurs militaires paraissent anachroniques et la noblesse ne sécrète plus de héros. Elle continue pourtant d'être un ordre prestigieux et privilégié — ouvert aux bourgeois enrichis : malgré quelques querelles de vanité, il n'y a pas de véritable lutte de classes à l'intérieur de l'ordre entre « noblesse d'épée » et « noblesse de robe » car le privilège commun et de nombreuses alliances de famille renforcent la solidarité d'un

---

(4) Cf. Edgar Faure, La banqueroute de Law, Paris, 1977.
(5) Cf., outre les études d'Ernest Labrousse, l'article de F. Crouzet dans les Annales ESC, 1966.

groupe où le clivage passerait plutôt entre ceux qui ont accès à la Cour et ceux qui végètent en province, les riches et les pauvres.

Pour la noblesse de cour, qui ajoute aux revenus de ses terres ceux des pensions royales, comme pour ces financiers qui tiennent le haut du pavé parisien, La Popelinière ou les frères Pâris, l'argent est fait pour être dépensé, non pour être accumulé ou investi. Le goût du luxe caractérise une époque qui semble être une suite ininterrompue de fêtes où tournent des hommes et des femmes en habits de soie, comme dans les parcs de Watteau. On agrandit châteaux et hôtels, on aménage de nouveaux appartements plus confortables, dont les pièces plus petites sont délicatement décorées : boiseries, tissus de soie, miroirs, meubles précieux, laques de Chine, porcelaines et livres. Le « style Louis XV » préfère le détail à l'ensemble, l'intimité à la pompe, les petits objets aux grands programmes. C'est le triomphe des arts mineurs et l'âge d'or des orfèvres, ébénistes, bronziers, miniaturistes, relieurs. Dans ce cadre raffiné, on s'adonne à tous les plaisirs, jeux, soupers, spectacles, libertinage, mais surtout aux joies d'une conversation vive et brillante, dont la littérature semble parfois n'être qu'un reflet.

II. — Les écrivains et leur public

1. Le public littéraire. — Il se limite au début du siècle à quelques dizaines de milliers de personnes : une grande partie de la population ne parle qu'un patois ou un dialecte local et, sur vingt millions d'habitants, un tiers à peine seraient en mesure de lire le français. Il faut distinguer de toute façon selon les niveaux de culture : la plupart des « lisants » lisent très peu et n'achètent que les livres des colporteurs pour la veillée : ceux de la Bibliothèque bleue de Troyes par exemple, récits merveilleux et romans de chevalerie, satires et facéties souvent misogynes, almanachs et livres de piété.

Les collèges. — Pour avoir accès à la culture moderne, il faut avoir été initié, c'est-à-dire en général être passé par les collèges — oratoriens ou jésuites —, dont l'enseignement est réservé aux enfants de la bonne société bourgeoise ou noble, même si quelques boursiers sont admis. Grâce à leur quasi-monopole, ces collèges imposent des valeurs qui ne sont pas remises en cause au cours de la première moitié du siècle : on y apprend à aimer les vers et le théâtre, on pratique le latin comme une langue vivante et surtout on s'exerce aux finesses de la rhétorique, clé de voûte d'un enseignement qui se nourrit des modèles de l'Antiquité et du grand siècle. Il s'agit moins de faire des érudits — le grec n'est guère enseigné — que des honnêtes gens, dans la tradition du XVIIe siècle (6).

Comme la plupart des écrivains de ce temps sont passés, eux aussi, par les collèges jésuites (7), il y a d'emblée une communauté de langage entre les auteurs et leur public. La littérature du XVIIIe siècle n'est pas marginale ni ésotérique : elle entretient des liens étroits avec son public, elle est même l'un des plaisirs favoris de la société aristocratique, elle est à la mode. Les grands seigneurs ne dédaignent pas de se faire élire à l'Académie française et les gens du monde se veulent aussi « gens de lettres », à tout le moins ils tiennent à fréquenter des écrivains et ceux-ci sont un ornement essentiel de la vie de société.

2. Littérature et société. — *L'aristocratie et les lettres.* —

Depuis la fin du règne de Louis XIV, la noblesse a pris le relais de la Cour, devenue austère et dévote : les jeunes gens vont se distraire à Sceaux, chez la duchesse du Maine, où l'on donne des fêtes coûteuses, mais où l'on fait aussi des vers, monte des pièces de théâtre, lit des œuvres nouvelles. Plus tard, ce sera chez Mme de Prie, à Chantilly ou à Vaux chez la duchesse de Villars.

Certains grands seigneurs ne se contentent pas d'être des hôtes : le prieur de Vendôme au Temple, le duc de Noailles ou le comte de Boulainvilliers animent des réunions d'esprits libres (les « cercles de pensée ») où l'on est volontiers athée, comme aussi chez le président de Maisons. Mais l'assemblée littéraire par excellence, c'est le salon, où gens du monde et écrivains cultivent le plaisir et l'art de la conversation.

Les salons. — Celui de la marquise de Lambert (1647-1733), où Marivaux et Fontenelle sont particulièrement appréciés, donne le ton à partir de 1710 ; il est à l'origine de la « nouvelle préciosité », faite de modernité, de subtilité, d'un certain fémi-

---

(6) Sur la pédagogie des collèges, voir le livre de G. Snyders, La pédagogie en France aux XVIIe et XVIIIe siècles, Paris, 1965. Le principal théoricien fut à l'époque Charles Rollin, auteur du Traité des études (4 vol., 1726-1728). Cf. aussi J. de Viguerie, L'institution des enfants, 1978. Pour un inventaire, M.-M. Compère et D. Julia, Les collèges français, I : La France du Midi, 1984.

(7) C'est notamment le cas, outre Voltaire, de Buffon, Diderot, d'Alembert, Prévost, Condillac, de Brosses, Crébillon fils, La Mettrie. Marivaux et Montesquieu furent les élèves des oratoriens, dont la pratique n'était pas très différente malgré quelques nuances (plus d'austérité, d'esprit critique).

nisme et Marivaux a pu prétendre que son théâtre ne faisait que reproduire les dialogues qu'il y entendait tous les jours. Le salon de Mme de Tencin (1682-1749) est plus familier. L'hôtesse, ancienne religieuse, a défrayé la chronique galante de la Régence, fait de son frère un cardinal et mis au monde un enfant aussitôt abandonné qui deviendra d'Alembert. Auteur elle-même de romans « sensibles », elle consacre son temps, son argent, ses relations à aider les écrivains, qui fréquentent presque tous son salon. Chez Mme du Deffand (1697-1780), on est à la fois élégant et philosophe — le grand homme est Voltaire.

Pour les gens de lettres, fréquenter les salons est sans doute un plaisir social, mais c'est aussi une sorte de devoir d'état : peut-être parce que, comme l'écrit Montesquieu, « il faut savoir perdre la moitié de son temps pour pouvoir employer l'autre », surtout parce que c'est dans les salons que se font une réputation, le succès d'un livre, une élection à l'Académie.

Les cafés. — Le fait que le XVIIIe siècle boive du café au lieu de vin suffit-il à expliquer, comme le croyait Michelet, sa vivacité d'esprit ? En tout cas, dans le cadre élégant, voire luxueux des « cafés » qui ont remplacé les cabarets, la conversation est animée, audacieuse même, sans cesse relancée par les derniers bruits de l'actualité apportés par les « nouvellistes » — et pour cette raison discrètement surveillée par les mouches du lieutenant de police. Les plus célèbres de ces établissements sont le café Procope, près de la Comédie-Française, « le tribunal de la critique et l'école des jeunes poètes » (Marmontel) ; le café Gradot, près du Louvre, celui de la veuve Laurent, rue Dauphine, le café de la Régence, place du Palais-Royal, où Rousseau et Diderot jouent aux échecs. Cependant, le Caveau maintient la tradition du cabaret.

Les académies provinciales. — En province, le cadre privilégié de la vie intellectuelle, ce sont les « académies », assemblées sérieuses et savantes, dont la curiosité paraît tournée davantage vers les questions scientifiques et techniques que vers la pure littérature : en nombre toujours croissant — il en existe 24 en 1750 (8) —, elles sont un bon instrument de diffusion de la pensée, mais aussi des « bureaux de recrutement »,

---

(8) Cf. la thèse de D. Roche, Le siècle des Lumières en province (académies et académiciens provinciaux, 1680-1789), Paris-La Haye, 1978 ; ainsi que M. Taillefer, L'académie de Toulouse au XVIIIe siècle, 1984.

car elles font connaître de jeunes talents par les concours qu'elles organisent et les prix qu'elles décernent.

3. **La carrière littéraire.** — *Moyens d'existence.* — Si certains écrivains ont reçu de leur famille les moyens de leur indépendance financière — Montesquieu, de Brosses, Buffon, Voltaire —, ce sont des exceptions. Beaucoup d'hommes de lettres, venus de la province, connaissent d'abord la vie de bohème ; et si Lesage réussit à vivre de ses parades pour la foire et de ses romans-feuilletons, la plupart de ses confrères ont besoin du mécénat, les « libraires » (éditeurs) ne leur payant que de faibles sommes, versées une fois contre la propriété de l'œuvre. Les tirages sont d'ailleurs faibles — quelques centaines d'exemplaires — et les contrefaçons nombreuses.

Beaucoup d'écrivains trouvent la sécurité dans un bénéfice ecclésiastique — Voisenon, Prévost, Mably, Condillac, etc. —, d'autres vivent de petits métiers intellectuels : copiste, précepteur, secrétaire, bibliothécaire dans quelque famille noble. Les plus heureux reçoivent une place à la Cour (Duclos, Voltaire, Marmontel sont historiographes du roi) ou une pension ; à ceux qui veulent sauvegarder leur indépendance, il ne reste guère que la traduction ou le journalisme. De toute façon, si le métier d'écrivain n'est sans doute pas « le dernier des métiers », comme le prétend Voltaire, il conduit rarement à la fortune et — à l'exception de Voltaire — ceux qui réussissent le mieux ne sont pas les plus originaux : Duclos, Marmontel, Moncrif (9) font les plus « belles carrières ».

L'Académie française. — A défaut de la fortune, l'Académie française apporte la consécration ; mais les places y sont chères, une moitié des 40 fauteuils revenant à des nobles ou des évêques. En pratique, pour être élu, il faut être patronné par un clan, puis agréé par le roi. Cependant Voltaire, après un premier échec, Montesquieu, Marivaux (à sa troisième tentative) entrent à l'Académie où ils retrouvent notamment La Motte-Houdar, Crébillon, Destouches, Gresset, Dubos, Duclos.

A côté de l'Académie française, la « petite académie » devenue en 1716 l'Académie des Inscriptions et Belles-Lettres joue un rôle important : parmi ses membres, des érudits à l'esprit critique, parfois athées : Fréret, Boindin, Falconet, Duclos.

Quant à l'Académie des Sciences, elle jouit d'un très grand

---

(9) Célèbre pour son Histoire des chats qui le fit surnommer « le grand historiogriffe ».

prestige, en partie grâce à Fontenelle, son secrétaire perpétuel de 1697 à 1740, qui fait connaître les travaux de ses confrères et les met à la portée du grand public.

Journaux et périodiques. — Si le *Journal des Savants*, organe académique, a été fondé dès 1665, le XVIIIe voit se multiplier les périodiques, éphémères comme les journaux de Marivaux, le *Nouvelliste du Parnasse* de Desfontaines, ou plus durables comme le *Journal de Trévoux*, fondé par les jésuites en 1702, solide et sérieux, assez ouvert aux nouveautés, mais qui deviendra peu à peu, surtout après 1750, le champion de la lutte antiphilosophique. D'une lecture plus facile, le *Mercure de France*, tiré à plusieurs milliers d'exemplaires, est le véritable journal littéraire de l'époque : il sert notamment de tribune aux fréquentes polémiques qui divisent la République des lettres.

Querelles d'auteurs. — Les gens de lettres ne forment pas une société idéale et beaucoup sont susceptibles : pamphlets, articles polémiques, épigrammes réjouissent un public qui compte les coups. Un Voltaire, un Piron s'entendent à mettre les rieurs de leur côté : les principales cibles de Voltaire s'appellent J.-B. Rousseau, Desfontaines, avant que Lefranc et Fréron ne deviennent ses bêtes noires. La polémique se fait parfois très dure, empruntant ses armes à l'injure, la calomnie et l'attaque personnelle : ainsi celle qui oppose Voltaire à Desfontaines en 1738 (le *Préservatif* contre la *Voltairomanie*). On imagine mal aujourd'hui la violence de telles querelles auxquelles les plus sensibles résistent mal.

4. Les écrivains et le pouvoir. — *La censure.* — Si les écrivains se comportent parfois en enfants insupportables, c'est que la littérature est mineure : elle continue d'être tenue en tutelle par les autorités. Avant de publier tout ouvrage de plus de deux feuilles, il faut en demander l'autorisation au chancelier, c'est-à-dire en fait à la Direction de la Librairie, qui fait examiner le manuscrit par un censeur (10).

A défaut d'obtenir un « privilège du roi » — qui donne au libraire un monopole théorique sur l'ouvrage publié —, on peut se contenter d'une permission tacite (à partir de 1718); si on n'obtient ni privilège ni permission tacite, il reste à faire imprimer son livre clandestinement : mais on risque les galères.

---

(10) Cf. R. Harneit, Die handschriftlichen Unterlagen der französischen Buchverwaltung im Ancien Regime (1700-1750), Hambourg, 1983.

Il est plus facile de publier l'ouvrage à l'étranger, à Londres, à Genève, ou en Hollande, et de faire ensuite entrer en France les ballots de livres, souvent transportés dans des péniches et gardés dans des lieux sûrs, avec des complicités aristocratiques (11).

La répression. — Le livre une fois publié, même légalement, peut encore être condamné par le Parlement à la « brûlure » (une centaine d'ouvrages sont brûlés en un siècle, dont les *Lettres philosophiques* de Voltaire, les *Pensées philosophiques* de Diderot, *Emile* de Rousseau). Et l'auteur risque l'emprisonnement.

Les autorités ecclésiastiques peuvent aussi intervenir quand la religion est en cause : l'Assemblée du clergé, qui se réunit tous les cinq ans, dénonce les œuvres impies et les évêques font de même dans leur diocèse. Quant à la Sorbonne, qui examine les livres suspects, elle peut obliger les auteurs à rectifier ou nuancer leurs affirmations (ainsi Montesquieu et Buffon).

Malgré tout, la monarchie n'est pas impitoyable aux écrivains irrespectueux : Crébillon fils, exilé après le *Sofa*, devient ensuite censeur; Voltaire, embastillé par le régent en 1718, reçoit de lui une pension un peu plus tard; exilé en 1726, il est historiographe du roi en 1745. C'est que les auteurs participent au système aristocratique et l'on a pour eux la même mansuétude que pour les nobles impertinents. Rares sont ceux qui ne sont jamais pardonnés : Jean-Baptiste Rousseau, exilé en 1712 et qui meurt en exil trente ans plus tard, est une exception.

---

(11) Il existe en outre un trafic très lucratif de manuscrits clandestins — athées en général (Spinoza, Meslier, Dumarsais, Boulainvilliers).

CHAPITRE II

LES BELLES-LETTRES

Une littérature « rococo »? (1) — Le XVIII siècle reste pour nous le siècle philosophique : d'Alembert assurait déjà dans le *Discours préliminaire à l'Encyclopédie* (1751) qu'après le temps de l'érudition et celui des belles-lettres était venu celui de la philosophie. Pourtant, les grands écrivains du temps sont des littérateurs avant d'être des philosophes et le souci de l'art accompagne toujours la réflexion. Si l'on n'écrit plus seulement pour amuser et pour distraire, il n'est pire crime que d'ennuyer. Peut-on voir dans ce mélange du sérieux (bourgeois?) et de la fantaisie (aristocratique?) la marque du « rococo » (ultime et brillant avatar du siècle baroque) dans le domaine littéraire ?

La première moitié du siècle commence par contester les valeurs classiques (courant prosaïque et précieux), puis les restaure avec Voltaire. Cependant, si on exalte les grands genres, on préfère les formes nouvelles que sont le conte et le roman, tandis qu'à la période oratoire succède la phrase brève et sèche de Voltaire ou la maxime de Montesquieu. On se garde soigneusement de toute symétrie, le sens doit être incertain : on paraît avoir une prédilection pour le diptyque contradictoire et les questions sans réponse. Style de transition, décrié après 1750, le rococo manifeste la recherche d'un écart dans un ordre resté classique.

I. — Les grands genres

1. Anciens et modernes. — *La tradition au théâtre.* — Les gloires du siècle de Louis XIV sont toutes fraîches, surtout Racine et Boileau, et si la nouvelle génération paraît moins brillante (« les génies supérieurs se font rares et la nature semble se reposer », déplore Voltaire), on continue de faire des tragédies à la manière de Racine et de Quinault (cinq actes en

---

(1) R. Laufer, Style rococo, style des Lumières, Paris, 1963. Cf. aussi Dubos, Réflexions critiques sur la poésie, la peinture et la musique, 1719.

alexandrins, sujet emprunté à l'Antiquité ou à l'histoire, personnages éminents, dignité du ton, rôle central de l'amour). Crébillon (1674-1762) donne notamment, de 1705 à 1711, *Idoménée, Atrée et Thyeste, Electre, Rhadamiste et Zénobie*. Les comédies en vers de Dancourt, Dufresny et surtout Regnard (1655-1709) continuent la tradition de Molière : *Les folies amoureuses et Le mariage de la folie* (1704), *Le légataire universel* (1708), *L'irrésolu* (1713).

Le monopole dont jouit la Comédie-Française en l'absence des comédiens-italiens (expulsés en 1697, ils ne sont rappelés qu'en 1716), ne favorise pas le renouvellement, mais le public, toujours assidu, fait un triomphe au *Turcaret* de Lesage en 1709, dont l'inspiration très actuelle (c'est une satire de la cupidité des traitants qui profitent de la gêne financière de la monarchie) démontre que la comédie peut encore, comme au temps de Molière, peindre autre chose que les caractères abstraits qui font désormais son ordinaire.

La grande poésie. — Hors du théâtre, c'est l'ode qui reste la forme noble par excellence. Elle est renouvelée par La Motte-Houdar et surtout par Jean-Baptiste Rousseau (1670-1741), fort admiré comme poète lyrique : ses quatre livres d'odes, poèmes de circonstance qui s'élèvent à l'ampleur de vastes méditations dans la tradition de Pindare, font de lui « le grand Rousseau ». Il adapte en outre des *Psaumes*, comme l'avaient fait avant lui Marot et Corneille.

La religion inspire aussi Louis Racine (1692-1763), « petit fils d'un grand père » selon Voltaire, auteur de deux poèmes d'influence janséniste sur *La grâce* (1720) et *La religion* (1742) (« Oui, c'est un Dieu caché que le Dieu qu'il faut croire »); ainsi que Lefranc de Pompignan (1709-1784), magistrat de Montauban qui écrit à partir de 1734 plusieurs recueils de vers sacrés (« Sacrés ils sont, car personne n'y touche », raille Voltaire).

Le genre de la fable, illustré naguère par La Fontaine (mort en 1695), est représenté par La Motte-Houdar, auteur d'un recueil publié en 1719, qui contient ce vers célèbre : « L'ennui naquit un jour de l'uniformité. »

En revanche on ne se risque pas à l'épopée avant Voltaire : il est admis que « les Français n'ont pas la tête épique » — et que les vers français ne se prêtent pas aussi bien à l'« héroïsme » qu'au lyrisme, à cause de la monotonie des rimes plates et de la régularité lassante des constructions : Fénelon a préféré écrire en prose son roman épique *Télémaque* (1699). Pourtant, c'est à propos d'Homère que se rallume la « guerre civile du Parnasse ». Un nouvel avatar de la querelle des anciens et des modernes, dont les protagonistes sont Mme Dacier et La Motte-Houdar, oppose les tenants d'une poésie primitive et naïve aux modernes, géomètres et prosateurs, pour qui les vers ne sont qu'un ornement frivole — mais les éclatants succès poétiques de Voltaire vident bientôt la querelle.

2. **Voltaire poète.** — *Œdipe*. — Voltaire (1694-1778), né à Paris dans une famille de notaires (Arouet) parvenue au seuil de la noblesse, a fréquenté très tôt le grand monde; son talent précoce pour les vers lui vaut succès de salon et prix de collège. Nourri de culture classique, ayant pris chez les jésuites la passion du théâtre, il est poète comme il respire : il admire d'abord Chaulieu et La Fare, libertins notoires, puis J.-B. Rousseau, mais son ambition est d'être le successeur de Racine, mieux, le poète épique que la France n'a pas encore produit. Tout en participant à la vie frivole des châteaux et des salons qui le fêtent, tout en laissant libre cours à sa verve satirique qui lui vaut d'être embastillé quelques mois en 1717, il travaille à sa première tragédie, *Œdipe*, créée en 1718. C'est un triomphe (45 représentations) qui fait de lui, d'un seul coup, un auteur célèbre. Voltaire a voulu surpasser Corneille et Sophocle, mais la pièce doit une grande partie de son succès à certaines allusions d'une pensée libertine et antireligieuse que le public ne manque pas de relever (2). Elle exprime d'ailleurs les obsessions les plus profondes de Voltaire qui refuse le pessimisme janséniste de sa famille et n'accepte pas que l'homme soit né coupable : « Impitoyables dieux, mes crimes sont les vôtres, Et vous m'en punissez... » (3).

---

(2) Ces deux vers par exemple : « Nos prêtres ne sont pas ce qu'un vain peuple pense, Notre crédulité fait toute leur science » (IV, 1).
(3) Voir la thèse de R. Pomeau, La religion de Voltaire, Paris, 1956.

La Henriade. — Après ce coup d'éclat, Voltaire veut encore être sacré poète épique. Il emprunte à l'histoire de France le thème de *La Ligue*, devenue ensuite *La Henriade* (1726), poème en dix chants dont le héros est Henri de Navarre, « le plus grand roi que la France ait connu », énergique et courageux, mais aussi tolérant. Son épopée consacre définitivement Voltaire comme le plus grand poète de son temps — et c'est à ce titre d'abord que le XVIIIe siècle l'admira.

De ses succès, Voltaire tire la leçon théorique dans la préface qu'il donne à *Œdipe* en 1730, où il défend les règles qui ont permis les chefs-d'œuvre classiques et souligne la valeur musicale de la rime. Mais déjà, par son exemple, il a réveillé des vocations : si Crébillon, le grand rival, se tait pendant vingt ans après son *Pyrrhus* (1726), Marivaux donne un *Annibal* (1720) et La Motte triomphe avec *Inés de Castro* (1723). Quant à Voltaire lui-même, il ne cessera toute sa vie d'écrire des tragédies, inégalement accueillies par le public, mais où il mettra beaucoup de lui-même, participant activement aux répétitions, montant volontiers sur les planches, récrivant des scènes entières à la demande des acteurs, sans parvenir à sortir vraiment du moule scolaire, malgré l'essai de nouvelles formules.

3. **Les voies du théâtre**. — *Les tâtonnements de la tragédie*. — *Œdipe* avait bien permis à Voltaire d'exprimer dans ses vers des idées critiques, mais la censure ne permet pas d'aller très loin dans cette direction et c'est par d'autres voies que la tragédie cherche à se renouveler : le jeu des acteurs évolue vers moins d'emphase et plus de naturel; les sujets surtout sont plus variés, empruntés à l'histoire du Moyen Age plutôt qu'à l'Antiquité (*Adélaïde Duguesclin* de Voltaire, *Inés de Castro* de La Motte, *Edouard III* de Gresset), à des pays lointains : la Suède dans *Gustave Vasa* de Piron (1733), l'Orient musulman dans *Zaïre* (1732) et *Mahomet* (1742) de Voltaire, l'Empire ottoman dans le *Mahomet second* de La Noue (1739), le Pérou (*Alzire* de Voltaire, 1736). La Motte réclame des décors plus somptueux, à l'imitation de l'Opéra, une action plus mouvementée, des sujets plus tendres. Crébillon cherche à horrifier par des situations extrêmes; Gresset présente un meurtre sur la scène; Voltaire écrit avec *La mort de César* une tragédie sans rôle féminin.

On cherche aussi son inspiration du côté des modèles étrangers : les tragiques grecs les moins policés (Eschyle et Sophocle sont remis à la mode par le *Théâtre des Grecs* du P. Brumoy en 1730); et surtout Shakespeare, dont on s'approche avec un mélange de fascination et de répulsion. Dans l'immédiat, c'est un autre auteur anglais, Lillo, qui exerce le plus d'influence sur le théâtre français avec sa « tragédie bourgeoise » du *Marchand de Londres* (1731) : pour la première fois, les héros ne sont pas des rois ni des puissants, mais des bourgeois dans un décor quotidien. Cela rapproche la tragédie de la comédie.

La comédie. — Elle se veut justement « sérieuse », le public préférant désormais à Molière les comédies moralisantes de Destouches (1680-1754), qui triomphe avec *Le philosophe marié* (1727) et surtout *Le glorieux* (1732), dont la postérité a retenu ces deux vers : « La critique est aisée, et l'art est difficile » (II, 5); « Chassez le naturel, il revient au galop » (III, 5).

Piron (1689-1773), grand faiseur d'épigrammes, est aussi l'auteur de *La métromanie* (1738). Gresset (1709-1777), dans *Le méchant* (1747), convainc le public « Que l'homme n'est point fait pour la méchanceté ». Nivelle de La Chaussée (1692-1754), théoricien de la « comédie larmoyante », défend le mariage dans *Le préjugé à la mode* (1735), le fils naturel dans *Mélanide* (1741), le financier vertueux dans *L'homme de fortune* (1751) et exerce une influence certaine sur ses contemporains, comme l'attestent par exemple *L'enfant prodigue* (1736) et la *Nanine* (1749) de Voltaire.

4. Marivaux dramaturge.

— L'œuvre de Marivaux occupe une place particulière dans le théâtre de l'époque, elle est « fondamentalement autre » (P. Larthomas) et il en est bien conscient. Ses contemporains aussi, qui s'agacent de ses airs supérieurs, de sa subtilité « métaphysique » et inventent le terme de « marivaudage », dont le sens est évidemment péjoratif (4).

Pierre Carlet de Marivaux (1688-1763), fils d'un contrôleur de la Monnaie, fut l'élève des oratoriens

---

(4) Voltaire se moque par exemple de « ces riens entortillés dans des phrases précieuses », de « ces billevesées énigmatiques », de « ces œufs de mouche pesés dans des balances de toile d'araignée ».

de Riom avant de faire à Paris des études de droit : mais il s'intéresse davantage à la littérature, est « moderne » et mondain, assidu chez Mme de Lambert et Mme de Tencin, ami de Fontenelle et de La Motte dont il prend le parti dans la querelle sur Homère. Ruiné par la banqueroute de Law, il resta toujours plus ou moins dans la gêne, bien que son talent fût loin d'être méconnu : il est élu à l'Académie française en 1742 (contre Voltaire) et ses comédies sont bien accueillies du public.

Après des essais romanesques et journalistiques, Marivaux débute au théâtre par une tragédie en vers, *Annibal* (1720). Mais il n'écrit plus ensuite que des comédies (34 de 1720 à 1746) dont la plupart sont jouées par les comédiens-italiens, avec qui il a d'évidentes affinités : il emprunte à la tradition italienne ses amants nobles et bouffons, ses arlequins, et il écrit plusieurs rôles en pensant à des acteurs précis, notamment la célèbre Silvia. Surtout, ses pièces doivent au théâtre italien leur climat féerique, leur allure de ballet un peu irréel et de jeu de masques. La liberté des Italiens convient parfaitement à un auteur qui refuse de suivre l'exemple de Molière et s'affranchit des règles traditionnelles (il n'écrit qu'en prose et refuse le carcan des cinq actes).

En cela déjà Marivaux se distingue : mais son œuvre se reconnaît aussi à un style et à des thèmes qui lui sont propres — à tel point que d'Alembert a pu écrire qu'il n'avait fait qu'une seule comédie de vingt façons différentes, sur le sujet de l'amour naissant. L'intéressé l'admettait : « J'ai guetté dans le cœur humain toutes les niches où peut se cacher l'amour lorsqu'il craint de se montrer, et chacune de mes comédies a pour objet de le faire sortir d'une de ces niches. » Il est pourtant convenu de regrouper les « comédies de sentiments » de Marivaux en cinq catégories, correspondant à cinq variantes du thème de la surprise : la naissance de l'amour chez des êtres neufs (*Arlequin poli par l'amour*, 1720; *La dispute*, 1744); les surprises de l'amour pour des cœurs avertis (*La surprise de l'amour*, 1722; *La seconde surprise de l'amour*, 1727; *Les serments indiscrets*, 1741); l'inconstance du sentiment (*La double inconstance*, 1723; *Le dénouement imprévu*, 1724); les épreuves de sincérité ou de fidélité (*Le jeu de l'amour et du hasard*, 1730; *L'épreuve*, 1740); les conflits de l'amour et des préjugés sociaux (*Les fausses confidences*, 1737; *Le préjugé vaincu*, 1746).

Marivaux semble parfois se livrer à des expériences de physique amoureuse ou à des essais chorégraphiques : il a le goût de la symétrie (l'inconstance est double, le déguisement parallèle) et les personnages sont si bien manipulés par le montreur de marionnettes (parfois relayé sur la scène par un meneur de jeu, Trivelin, Dubois, Flaminia) qu'on pourrait oublier la réalité. Celle-ci est pourtant bien présente : l'argent l'emporte dans *Le triomphe de Plutus* (1728), mais il est omniprésent dans *Les fausses confidences*, transformé en pouvoir dans *L'épreuve*. Ailleurs, il se cache derrière les apparences du statut social. Marivaux n'ignore pas la société de son temps (qu'il décrit par ailleurs dans ses romans) et ses personnages ne se « mésallient » presque jamais, la réalité des classes sociales s'imposant à eux jusque dans les îles des pièces utopiques, où tout finit par retrouver son ordre antérieur (5). Cet ordre en effet n'est pas extérieur aux personnages : ils l'ont assimilé, mais ne le savent pas encore au début de la pièce. Ils se croient libres, indéterminés, sans passé, entièrement livrés à l'instant

---

(5) L'île des esclaves, 1725 ; L'île de la raison, 1727 ; La nouvelle colonie, 1729.

(G. Poulet). La « surprise » les révèle à eux-mêmes, leur permet de devenir ce qu'ils sont, d'accepter la réalité. Symbole de cette liberté, le déguisement qui les fait échapper à leur condition (le maître devient valet, le roi officier), voire à leur sexe (dans *La fausse suivante* et *Le triomphe de l'amour*) — ou, variante du déguisement, le jeu théâtral, dans cette pièce « pirandellienne » que sont *Les acteurs de bonne foi* (1757). Mais la liberté de changer de condition n'est accordée qu'aux maîtres : pour eux, c'est un jeu, pour des valets, ce serait tromperie. Ceux-ci ne se déguisent que sur l'ordre de leurs maîtres. D'ailleurs Arlequin est incapable de se faire passer pour un autre, la balourdise de son langage le trahit.

Voilà qui montre bien les limites du jeu : il est permis à des jeunes gens de bonne famille de faire semblant d'être autres qu'ils ne sont, mais leur habit social leur colle à la peau, comme leur langage, ce qu'ils appellent leur « nature » et qui les fait se reconnaître. Pourtant ce jeu est dangereux. Et si on allait trop loin ? « Allons, j'avais grand besoin que ce fût là Dorante », s'écrie Silvia (*Jeu*, II, 12). Heureusement les parents veillent, ils s'assurent qu'on ne sort pas des limites : car cette surprise de l'amour, qui est au fond une surprise des sens, peut devenir subversive. Lui laisser un peu de « jeu », c'est peut-être éviter qu'elle ne casse tout. Comment faire entrer sans heurt dans l'ordre institutionnel, ramener dans la voie grise du mariage des êtres romanesques, telle est la question posée par la plupart des pièces de Marivaux. Si les femmes ont si souvent l'initiative, c'est que c'est à elles que le mariage paraît le plus mutilant. Lucile, dans *Les serments indiscrets*, sait bien ce qu'il en est : « Leur idôlatrie finit où nos bontés commencent. » Il faut donc prolonger l'illusion, faire durer la fête encore un moment. Mais on ne nous dit pas ce qui se passe après le baisser du rideau !

II. — **Conte, histoire, roman**

La forme du conte est celle que l'on associe le plus spontanément au XVIIIe siècle : court, léger, piquant, voire philosophique, fait pour être lu au cours d'une soirée, il a le ton de la conversation et correspond dans l'ordre littéraire à cette esthétique du bibelot qui caractérise l'époque rococo. Quant au roman, il reste un genre mineur, tenu pour indigne d'un auteur sérieux, encore déconsidéré par les extravagances des grands romans baroques de Mlle de Scudéry et de M. d'Urfé — et s'il s'efforce au contraire de reproduire la réalité, on lui reproche sa « bassesse » : pris dans ce « dilemme » (G. May), le roman accède pourtant progressivement à la dignité, et sa liberté même en fait l'un des moyens d'expression le plus fidèles de l'époque. En tout cas, malgré la sévérité de l'Eglise et l'hostilité des pouvoirs, les romans sont toujours plus nombreux.

1. Du conte à l'histoire. — *Le conte*. — Il répond d'abord à un besoin de merveilleux et d'évasion, niant la réalité avant de la questionner. A la fin du XVIIe siècle, la mode a fait proliférer les contes de fées, à la suite des célèbres *Contes de ma mère l'Oye* de Charles Perrault. L'exotisme renouvelle bientôt le genre : Galland traduit les *Contes des mille et une nuits* en 1704 (6) et Pétis de La Croix prétend adapter du persan les *Mille et un jours* (1711). L'Orient et les fées restent ensuite les deux recettes essentielles du conte : Cazotte peut s'en moquer dans *La patte du chat, conte zinzinois* (1740) ou dans *Les mille et une fadaises* (1742), ces traits se retrouvent non seulement chez Voisenon ou Crébillon, mais aussi chez Voltaire (*Zadig*, 1747) et Diderot (*Les bijoux indiscrets*, 1748).

(6) Cf. G. May, *Les mille et une nuits d'A. Galland*, 1986.

La nouvelle et l'histoire. — La nouvelle se distingue du conte et du roman, car elle se veut « véritable », voire « exemplaire » dans la tradition de Cervantes; l'opposition s'atténue pourtant, à mesure que le roman s'éloigne de ses origines baroques et se tourne davantage vers la réalité. Quant à l'histoire, c'est moins un genre particulier que le nom donné à des romans qui n'osent pas s'avouer comme tels; elle prend cependant souvent la forme d'une enquête — conformément au sens étymologique du mot « histoire » —, sur un individu dont on relate les actions et s'efforce de comprendre la destinée.

Il faut faire une place à part aux sept « histoires véritables » réunies par Robert Challe (1659-1721) dans les *Illustres françaises* (1713). L'auteur, de mieux en mieux connu grâce aux recherches de F. Deloffre (7), a mené une vie aventureuse (marchand au Canada, puis « écrivain du roi » sur plusieurs navires dont l'un le conduit aux Indes orientales en 1690) avant de publier anonymement, à La Haye, ce recueil d'histoires qu'il a écrites « en se divertissant », tout en travaillant à des études d'histoire coloniale.

Un auteur en marge donc, mais une œuvre tout aussi insolite. La formule n'en est pas complètement nouvelle : un groupe de Parisiens se racontent des histoires dont ils ont été les héros, les témoins ou les confidents, et qui ont toutes pour sujet l'amour et les obstacles qu'il rencontre. On pense à Boccace ou à *L'Heptaméron* — mais l'originalité vient ici du lien organique introduit entre les histoires, qui s'intègrent dans une action romanesque, les mêmes personnages

---

(7) Cf. les éditions critiques des Illustres françaises (1959), du Journal de voyage aux Indes (1979), des Difficultés sur la religion proposées au père Malebranche (1982), ainsi que le dossier publié en 1979 par la Revue d'histoire littéraire de la France. Cf. aussi la thèse de J. Popin, Poétique du roman, Les Illustres françaises de R. Challe.

revenant d'une histoire à l'autre. Ceux-ci sont des gens ordinaires, aux confins de la bourgeoisie et de la petite noblesse, bien définis socialement. Leurs aventures ne sont ni baroques ni burlesques, c'est-à-dire que la réalité n'est plus travestie et que « la société ose enfin se regarder en face ». Les personnages sont placés dans un cadre bien réel, ils mangent « des côtelettes de mouton sur le gril », ils sont sensibles au froid, à la nuit, à la campagne, à des charmes féminins qui n'ont rien d'abstrait, ils parlent une langue simple et vive. Un tel réalisme n'a guère d'équivalent à cette époque, même dans le roman picaresque.

Les *Illustres françaises*, constamment rééditées, eurent une influence considérable, non seulement sur Prévost et Marivaux, mais aussi sur les auteurs de la seconde moitié du siècle. La matière des histoires explique sans doute ce succès constant, mais aussi l'audace d'une morale fort en avance sur son temps : les personnages, les femmes surtout, s'ils ne peuvent ignorer la force de conventions sociales qui font leur malheur, sont pourtant libres et résolus; ils vont jusqu'au bout des conséquences du choix qu'ils font d'aimer. C'est particulièrement vrai, bien sûr, pour les héros de *L'histoire de M. des Prez et de Mlle de L'Epine*, qui ont tant de ressemblance avec ceux de *L'histoire du chevalier des Grieux et de Manon Lescaut*.

2. Mémoires et roman picaresque. — Tandis que Challe invente le « réalisme poétique » (F. Deloffre), beaucoup de ses contemporains continuent de préférer la « haute romancie » dont se moque le jésuite Bougeant (8). Mais on y veut une couleur de vérité : la mode est aux « mémoires » apocryphes relatant des aventures survenues au temps de Louis XIII et de la Fronde. Courtilz de Sandras écrit des *Mémoires de d'Arta-*

---

(8) Le voyage merveilleux du prince Fan Feredin dans la Romancie (1735) est une satire des romans, qu'ils soient aristocratiques (« haute romancie ») ou bourgeois (« basse romancie »).

gnan (1700) dont s'inspira A. Dumas, ainsi que des *Mémoires de M. de B.* (1711) (9). Avec plus de talent, Hamilton (1646-1720) relate à la troisième personne, dans les *Mémoires de la vie du comte de Grammont* (1713), les aventures militaires et galantes de son beau-frère en France et en Angleterre. Le héros des *Voyages et aventures de Jacques Massé* (1710) connaît des aventures bien plus extraordinaires sur différents continents, l'exotisme permettant une certaine distance critique, comme dans *Les dialogues avec un sauvage* de La Hontan (1703).

Le roman picaresque : « Gil Blas ». — Il n'est pas vraiment d'exotisme dans les romans espagnols de Lesage : même si l'Espagne commence d'apparaître au XVIIIe siècle comme un pays bizarre à force de décadence, elle est surtout la patrie des conventions picaresques (10) et sous les apparences de l'Espagne de Philippe IV, c'est la société française de son temps que dépeint Lesage dans *Le diable boiteux* et surtout dans *L'histoire de Gil Blas de Santillane*, dont la publication s'étale sur vingt ans (1715-1735).

Ce roman se donne pour une autobiographie de son héros, depuis sa naissance obscure jusqu'à sa retraite, en passant par toutes sortes d'aventures, dont le récit est fréquemment interrompu par des histoires secondaires : de succès en revers, Gil Blas, « valet aux nombreux maîtres », saisissant les occasions que le hasard lui offre, s'élève toujours dans la société, ce qui permet à l'auteur de présenter toutes les couches sociales, depuis le peuple des campagnes et des villes jusqu'à la Cour. Son héros est un personnage à l'échelle humaine, dépouillé du caractère excessif du « picaro » espagnol, et assez vraisemblable dans la France de la Régence : il a pour demi-frère le Jacob de Marivaux.

3. Marivaux romancier. — La première tentation de Marivaux fut celle du romanesque précieux (*Les effets surprenants de la sympathie*, 1713), qu'il parodia ensuite dans *Pharsamon* et le *Télémaque travesti*, écrits vers 1715. Ses grands romans, *La vie de Marianne* (1731-1741) et *Le paysan parvenu* (1734-1735), restés

---

(9) Cf. J. Lombard, C. de S. et la crise du roman à la fin du grand siècle, 1980.
(10) Cf. C. Cavillac, L'Espagne dans la trilogie picaresque de Lesage, Bordeaux, 1984.

tous deux inachevés, ont certains traits communs avec *Gil Blas*, dont ils diffèrent pourtant profondément. Comme *Gil Blas* ils sont censés être écrits par des héros vieillissants qui racontent leurs aventures de jeunesse et leur ascension sociale : M. de La Vallée se souvient des débuts à Paris du paysan Jacob, facilités par sa bonne mine et le bon usage qu'il fait de ses relations féminines; la comtesse de *** s'attendrit en songeant à la naïveté de la jeune Marianne, orpheline en butte aux entreprises d'un vieillard libertin, et qui voit le destin contrarier sans cesse son amour pour le jeune Valville. Leurs aventures respectives ont fait connaître à Jacob et à Marianne des milieux variés, en province et à Paris, mais le roman ne se réduit pas à cela : chez les héros de Marivaux, on perçoit la distance du narrateur au personnage, « le double registre du récit et du regard sur le récit » (J. Rousset). Ce dernier est sans cesse ralenti par l'analyse des sentiments éprouvés autrefois (il faut cent pages pour une journée de la vie de Marianne) : mais si nous savourons aujourd'hui une minutie qui parvient à donner « l'illusion que le temps romanesque coïncide avec le temps réel » (R. Mauzi), les critiques n'y voyaient alors qu'un nouvel exemple de la subtilité outrée de Marivaux.

On retrouve d'ailleurs dans les romans plusieurs traits des comédies : goût de la jeunesse, préférence pour les personnages féminins, plus exigeants et plus sensibles, rigueur géométrique des analyses, habileté à démonter les mécanismes de la mauvaise foi — mais la psychologie est ici moins abstraite qu'au théâtre, car elle s'applique à des personnages mieux définis socialement. Plus qu'avec les comédies, c'est de l'œuvre du journaliste qu'il faudrait rapprocher les romans : Marivaux fut plusieurs fois tenté par une forme originale, le périodique de réflexion rédigé par un seul auteur, libre de s'exprimer à sa guise sur différentes matières sans être tenu de conduire une action à son terme ni de « faire un livre ». Après avoir publié dans le *Mercure* des *Lettres sur les habitants de Paris* (1717-1718), Marivaux fit paraître un *Spectateur français* (1721-1724) imité du *Spectator* d'Addison et Steele, puis (de manière éphémère) *L'indigent philosophe* (1727) et *Le cabinet du philosophe* (1734).

4. L'abbé Prévost (1697-1763). — Prévost, journaliste et romancier lui aussi, mène une vie beaucoup plus aventureuse que Marivaux : il est tour à tour soldat, jésuite, bénédictin, avant que son cœur « trop tendre » le pousse à s'enfuir de Saint-Germain-des-Prés (1728); forcé de s'exiler, il vit successivement à Londres, en Hollande (où il publie *Manon Lescaut* en 1731 et tombe amoureux de la belle Lenki), à Londres encore, où il manque être pendu. Rentré en France en 1734, pardonné, il cède une nouvelle fois au démon de l'aventure avant de se ranger définitivement à partir de 1742 : retiré à la campagne, il se consacre à de paisibles travaux d'érudition, et notamment à son *Histoire générale des voyages* (1746-1761).

Prévost fut romancier aussi longtemps que sa vie fut romanesque : son œuvre de romancier, commencée en 1728 avec les premiers tomes des *Mémoires d'un homme de qualité*, s'achève avec les *Mémoires d'un honnête homme* (1743). Il met beaucoup de lui-même dans son œuvre, et « on a l'impression qu'il continue toujours le même roman » (J. Sgard). Romancier du « sentiment », il écrit en vérité des tragédies dont les personnages sont déchirés entre les délicieuses souffrances que leur vaut leur aptitude à « aimer sans borne et sans mesure » et leur aspiration à la sérénité. L'exemple le plus célèbre en est *L'histoire du chevalier des Grieux et de Manon Lescaut*, publié en 1731 comme une histoire insérée dans les *Mémoires d'un homme de qualité* : le héros-narrateur des *Mémoires* rencontre des Grieux revenu d'Amérique peu après la mort de Manon, et lui fait raconter son aventure alors qu'il est encore tout rempli de sa passion, incapable d'une analyse objective, et reste fasciné par « cette étrange fille », incompréhensible pour lui comme pour le lecteur. Leur histoire, que l'auteur situe vers 1719, est inséparable du milieu où ils sont plongés, et le roman de Prévost ne manque pas de détails concrets, voire réalistes : mais cette réalité est moins un fond de tableau pittoresque que l'obstacle qui s'oppose à l'amour « extraordinaire » des deux jeunes gens, car Prévost a prêté à ce « fripon » et à cette « catin » (Montesquieu) des sentiments que l'on réservait d'ordinaire aux héros tragiques. Il en résulte un mélange de noblesse et de familiarité dans le style, où les détails triviaux voisinent avec les réminiscences raciniennes. Mais le roman est aussi une interrogation sur la Providence, ce « ciel » qui n'a cessé d'accumuler malheurs et rechutes : à l'opposé de ses contemporains, Prévost est tenté de céder au pessimisme.

Après *Manon Lescaut*, qui fut un grand succès malgré quelques difficultés avec les autorités, Prévost prend plaisir à faire voyager ses lecteurs : *Cleveland* (1731-1739) les transporte d'Angleterre au Canada, de La Havane à Saumur, au fil d'une narration prolixe, où l'auteur n'épargne ni les émotions fortes ni les situations extraordinaires (ainsi Cleveland est aimé de sa propre fille qui meurt de désespoir quand elle apprend la vérité). Dans *Le doyen de Killerine* (1735-1740), le décor est irlandais. Quant à *L'histoire d'une Grecque moderne*, beaucoup plus brève, elle conduit de Turquie à Paris une jeune esclave libérée par l'ambassadeur de France, à qui elle se refuse ensuite au nom des principes de vertu qu'il lui a enseignés : c'est un « roman de la frustration » (R. Mauzi).

Prévost journaliste est surtout le rédacteur du *Pour et le Contre* (1733-1740), périodique nuancé, impartial, ouvert à tous les sujets, avec une préférence pour l'histoire et la littérature et surtout une prédilection pour tout ce qui est anglais.

5. **Roman sensible et roman libertin.** — A côté de Prévost, le roman « sensible » est encore représenté par Mme de Tencin, auteur du *Siège de Calais* (1739), des *Malheurs de l'amour* (1747) et surtout des *Mémoires du comte de Comminges* (1735), « le plus beau triomphe de la religion sur l'amour, à moins qu'il ne s'agisse d'un tragique triomphe de l'amour » (J. Decottignies), ainsi que par Mme de Graffigny, dont les *Lettres péruviennes* (1747) sont un énorme succès de librairie.

Duclos (1704-1772) réalise un curieux mélange de sensibilité et de libertinage dans *L'histoire de Mme de Luz* (1741) et *Les confessions du comte de* *** (1742) : il y fait une satire des mœurs de ses contemporains qui annonce l'esprit de ses *Considérations sur les mœurs du siècle* (1751). Le libertinage s'avoue plus franchement dans les romans de La Morlière (*Angola*, 1746) ou dans ceux de Fougeret de Montbron (*Margot la Ravaudeuse*, 1750). Mais il reçoit ses lettres de noblesse de Crébillon fils (1707-1777) auteur du *Sofa* (1742), satire orientalisante de la Cour, et surtout de subtils romans d'analyse, *Les égarements du cœur et de l'esprit* (1736), *La nuit et le moment* (1755), *Les lettres de la marquise de* *** (1732), *Le hasard du coin du feu* (1763). L'amour est « le seul dieu et la seule lumière » (J. Sgard) de ces romans, dont les héros appartiennent tous à l'élite de la société, dont l'espace est fort limité (château, boudoir) et le décor abstrait (11). Les *Lettres persanes* enfin sont aussi, à bien des égards, un roman libertin.

6. **Le cas des « Lettres persanes ».** — Il ne faut pas céder à la tentation de lire cette œuvre à la lumière de *L'Esprit des lois*. Si Montesquieu y aborde déjà certaines questions qu'il traitera plus tard dans des ouvrages sérieux, il a voulu écrire avec les *Lettres* une « espèce de roman » et le public ne s'y trompe pas. En 1721, Montesquieu (1689-1755) partage son temps entre Bordeaux, où il recueille les importants revenus de son domaine vinicole de La Brède, possède une charge de président à mortier au Parlement et participe aux travaux (scientifiques) de l'académie — et les

---

(11) A. Siemek, *La recherche morale et esthétique dans le roman de Crébillon fils*, Oxford, 1981.

salons du Paris de la Régence, brillant, bouillonnant, libertin. C'est un notable respecté, mais aussi un homme d'esprit qui n'a rien de compassé.

Les *Lettres persanes*, publiées anonymement à l'étranger, rencontrent un succès foudroyant (12), qui amène l'auteur à se démasquer rapidement : succès dû à la vivacité de la satire des mœurs françaises du temps, mais aussi au caractère romanesque de l'œuvre. L'idée de départ n'est pas nouvelle : Montesquieu, reprenant le procédé de Marana ou Dufresny (13), soumet la réalité européenne à un regard naïf, pour rendre plus évidentes certaines absurdités auxquelles l'habitude nous rend aveugles. Il fait séjourner à Paris, de 1711 à 1720, deux Persans, Rica et Usbek, qui content leurs découvertes à leurs correspondants restés en Perse. Rica est surtout sensible aux côtés superficiels et amusants, tandis qu'Usbek réfléchit à des questions politiques ou philosophiques. Montesquieu peut ainsi varier les sujets et les tons, passer de la drôlerie à la gravité, faire rire de la vie parisienne, des modes, des badauds (« Comment peut-on être Persan ? »), brosser une galerie de portraits à la manière de La Bruyère, se moquer de l'absolutisme et du fanatisme et méditer sérieusement sur la démographie, l'économie, le bonheur des peuples (dans l'histoire des troglodytes en particulier, mais aussi dans plusieurs des dernières lettres d'Usbek).

La formule du roman par lettres facilite ces changements de ton qu'elle rend vraisemblables, comme elle autorise les digressions. Elle permet aussi à Montesquieu de construire une véritable intrigue : Usbek

---

(12) Cf. E. Maas, Literatur und Zensur in der frühen Aufklärung : Produktion, Distribution und Rezeption der Lettres persanes, Frankfurt, 1981.
(13) Marana, L'espion du grand seigneur, 1684 ; Dufresny, Les amusements sérieux et comiques d'un Siamois, 1696.

parle de Paris mais il répond aussi aux lettres qu'il reçoit du sérail d'Ispahan, où ses épouses sont restées sous la garde des eunuques. C'est l'occasion non seulement de confronter les mœurs de l'Orient et celles de l'Occident et de faire ainsi une critique radicale du despotisme, contraire à la nature humaine, mais aussi de montrer le désordre s'installant dans le sérail, à la faveur de l'absence prolongée du maître, jusqu'à la révolte et à la mort de son épouse Roxane. Ce volet oriental des *Lettres* n'est pas une simple concession au goût de l'époque, mais la contrepartie nécessaire du volet parisien. Il permet de replacer le personnage d'Usbek au centre de l'œuvre, fait apparaître ses contradictions de « belle âme » (R. Laufer), tandis que son évolution au cours de ces neuf ans donne au livre une unité romanesque : c'est l'un des aspects de cette « chaîne secrète » qui en relie toutes les parties selon son auteur.

Après les *Lettres*, Montesquieu s'amuse à écrire un roman frivole *Le temple de Cnide* (1725). Par la suite, s'il consacre l'essentiel de son temps à des genres plus sérieux, il ne dédaigne pas d'écrire encore un conte oriental, *Arsace et Isménie* (1742), et conserve toujours à son style quelque chose de la liberté provocante des *Lettres*. Comme Voltaire, il se refuse à être lourd sous prétexte de sérieux — et ce n'est pas le moindre des charmes de cette première période du XVIIIe siècle que son aptitude à jouer sérieusement : le temps du rococo voit naître le « philosophe ».

Chapitre III

NAISSANCE DE LA PHILOSOPHIE

I. — Physique et métaphysique

1. Voltaire et Newton. — L'époque voit se former, d'abord de façon polémique, un nouvel idéal intellectuel et moral qu'on incarne bientôt dans le « philosophe » (1) et qui se substitue à celui de « l'honnête homme » de naguère, non sans lui emprunter certains traits. Même si le philosophe par excellence sera bientôt Diderot, on peut estimer que Voltaire par la diversité de ses curiosités, par son exemple, par son œuvre, contribue à la formation de ce nouvel idéal. Il est en tout cas représentatif de l'évolution qui se dessine.

Paris-Londres-Paris. — Bâtonné pour une insolence sur l'ordre d'un chevalier de Rohan, emprisonné à la Bastille lorsqu'il prétend se venger, exilé enfin en Angleterre où il passe trois ans (1726-1729), Voltaire, ulcéré de cette humiliation et déçu par l'attitude de certains de ses amis de l'aristocratie, idéalise un pays où il trouve une société plus moderne et plus libre et se passionne pour tout ce qui est anglais. Rentré en France, il confirme sa réputation de plus grand poète

---

(1) La notion est déjà familière en 1743 (cf. les Nouvelles libertés de penser). Une première définition en est donnée en 1734 dans le Doctionnaire de Trévoux.

vivant avec sa tragédie de *Zaïre* (1732), et tient compte des leçons anglaises dans son *Discours sur la tragédie* (1730) et dans *La mort de César* (1733). Mais il multiplie surtout les impertinences, religieuses (*Épître à Uranie*, 1732) et littéraires (son *Temple du goût*, en 1733, n'est guère aimable pour beaucoup de ses contemporains). Cependant il s'occupe d'histoire et de physique, travaille à son *Histoire de Charles XII* (1731) et « se casse la tête » avec Newton et Descartes.

Les « Lettres philosophiques ». — La publication des *Lettres, anglaises* à Londres en 1733, *philosophiques* à Rouen en 1734, est un énorme scandale. Voltaire, menacé d'être arrêté, doit s'enfuir en Lorraine, son livre est brûlé comme « propre à inspirer le libertinage le plus dangereux pour la religion et pour l'ordre de la société civile ». C'est que, sous couvert d'un témoignage sur différents aspects de l'Angleterre (religion, politique, sciences, littérature), Voltaire a fait dans un style ironique une critique de la société française de son temps à laquelle le parallèle est constamment défavorable. Les *Lettres anglaises* sont bien philosophiques car elles forment le premier exposé d'un programme idéologique cohérent. La description des différentes sectes anglaises (lettres I à VII) donne surtout une leçon de tolérance : chacun « va au ciel par le chemin qui lui plaît ». La tolérance religieuse est l'un des fruits de la liberté politique (VIII à X), elle-même indissociable de la considération que les Anglais portent aux négociants, modernes citoyens romains.

Cette société libre et heureuse est naturellement ouverte aux progrès de la médecine (XI) et féconde en grands savants et philosophes — Bacon, Locke, Newton (XII à XVII). Dans le domaine littéraire (XVIII à XXIV), Voltaire risque même un éloge nuancé de Shakespeare, « génie plein de force et de fécondité, de naturel et de sublime, sans la moindre connaissance des règles », et « traduit » en vers français le monologue d'Hamlet. Il observe qu'en Angleterre « les lettres sont plus en honneur qu'en France » et il y voit « une suite nécessaire de la forme de leur gouvernement ».

La lettre XXV « sur les pensées de M. Pascal » paraît sans lien avec le reste de l'ouvrage : Voltaire y entreprend une réfutation de quelques-unes des affirmations de ce « misanthrope sublime » contre qui il « ose prendre le parti de l'humanité ». Exprimant le refus d'un homme des Lumières d'accepter une vision tragique du monde, mais aussi la révolte personnelle de Voltaire contre le fanatisme janséniste, la lettre consiste en une série de citations de Pascal, suivies des objections passionnées que lance Voltaire. Rapproché des sept premières lettres sur les sectes anglaises, cet « Anti-Pascal » complète l'image d'un Voltaire déiste, à qui « la voix de toute la nature » crie qu'il y a un Dieu, voulant croire avec sa raison, refusant de « regarder l'univers comme un cachot » ni comme un lieu de délices, mais jugeant sage d'y voir « l'ordre de la Providence », se félicitant que Dieu ait donné aux hommes l'amour-propre qui fonde la sociabilité, et l'instinct de divertissement, « instrument de notre bonheur », car il nous pousse à l'action en nous emportant « sans cesse vers l'avenir ».

Cirey (1734-1749). — Retiré à Cirey chez sa maîtresse, la très curieuse et très savante Emilie du Châtelet, Voltaire fait de la physique et de la métaphysique. Son poème du *Mondain* (1736) énonce un optimisme un peu superficiel et fait l'éloge du luxe qui donne du travail aux pauvres. Dans sa *Métaphysique de Newton* (1740), dans ses *Discours en vers sur l'homme* inspirés de Pope, il affirme qu'un Dieu sage et libre a créé un monde somme toute harmonieux : « Rien n'est grand ni petit, tout est ce qu'il doit être. » Cet optimisme correspond à la période la plus heureuse de la vie de Voltaire : heureux avec Emilie, il est rappelé à Paris après le triomphe de *Mérope* (1743), reçu à Versailles, nommé historiographe de France et gentilhomme de la Chambre, élu à l'Académie française. Et puis soudain tout s'effondre : le voilà disgracié en 1747 après une nouvelle insolence ; Emilie meurt en 1749. Cette crise ébranle sa confiance dans la Providence : c'est alors qu'il écrit *Zadig ou la destinée*, inventant une forme littéraire nouvelle, celle du conte philosophique. Son héros babylonien, beau, riche, généreux, sage, va de malheur en malheur pour récompense de ses bonnes actions. Malgré tout, l'histoire finit bien et Voltaire semble admettre avec l'ange Jesrad que la Providence a tout réglé pour le mieux — mais sa raison s'y résigne mal, la discussion n'est que suspendue (« Mais, dit Zadig... », même s'il se soumet). En 1750, seul désormais, Voltaire accepte l'invitation du roi de Prusse qui le pressait depuis longtemps de se rendre à Berlin.

La mode scientifique. — Comme Voltaire, ses contemporains ont le goût des sciences de la nature dont la mode a remplacé celle de la géométrie. Tous ceux qui en ont les moyens se font construire des laboratoires de physique ou des cabinets d'histoire naturelle. On collectionne les fossiles, on lit Fontenelle, on suit les cours de physique de l'abbé Nollet. De grandes synthèses sont entreprises : l'abbé Pluche donne de 1732 à 1750 les neuf volumes de son *Spectacle de la nature*, inventaire assez complet même si l'interprétation providentialiste est parfois naïve. Réaumur publie de 1734 à 1742 ses *Mémoires pour servir à l'histoire des insectes*.

Mais il n'est pas besoin d'être spécialiste pour écrire sur les sciences : Montesquieu publie en 1719 un *Projet d'une histoire complète de la terre ancienne et moderne* dans le *Journal des Savants* et Voltaire lui-même envoie à l'Académie des Sciences un *Essai sur la nature du feu*.

Le débat sur Newton. — Le débat le plus important concerne la physique. *Les principes mathématiques de la philosophie naturelle* (1687) où Newton avait énoncé la loi de la gravitation universelle réfutaient la théorie cartésienne des tourbillons et remettaient en cause la distinction absolue de l'étendue et de la pensée ; d'autre part, la méthode de Newton privilégiait l'expérience sur l'hypothèse et la déduction (« hypotheses non fingo »), tandis que Descartes partait d'une évidence première pour en déduire toutes les conséquences logiques. Il y avait donc entre eux une opposition fondamentale et l'influence de Newton ne pénétra que difficilement en France, combattue par les cartésiens — notamment par Fontenelle —, qui voyaient dans le principe d'attraction un retour au spiritualisme médiéval. Pourtant, à partir de 1730, le newtonianisme s'impose, au point de devenir bientôt le modèle à imiter dans tous les domaines (G. Gusdorf a pu parler d'un véritable « monisme épistémologique »).

Après Maupertuis (1698-1759) qui avait publié un exposé de la physique de Newton dans son *Discours sur les différentes figures des astres* (1732), Voltaire consacre quatre des lettres anglaises à Newton, « le destructeur du système cartésien ». La partie est définitivement gagnée lorsque deux expéditions savantes, conduites au Pérou par La Condamine et en Laponie par Maupertuis permettent de vérifier les assertions du savant anglais sur la forme du globe terrestre (1736). Après la publication par Voltaire de ses *Eléments de la philosophie de Newton* (1738), « tout Paris bégaie du Newton ».

2. Une religion et une morale optimistes. — *La religion naturelle*. — Cette admirable machine de l'univers confirmait à Newton l'existence d'un Dieu créateur auquel il croyait avec ferveur — et c'est bien ainsi que Voltaire et la plupart des contemporains l'ont compris. Alors que le mécanisme de Descartes avait conduit à l'athéisme un certain nombre de « géomètres » (2), Newton paraît donner de nouvelles raisons de

---

(2) Par exemple Mirabaud, Fréret, Boindin, Dumarsais, voire Fontenelle. A ce courant, on peut rattacher le curé Meslier (1664-1729), « athée, communiste et révolutionnaire sous Louis XIV ». Cf. les actes des Colloques d'Aix (1966) et de Reims (1980). Les œuvres ont été publiées en 1970-1972.

croire en un Dieu providentiel, le même pour tous les hommes — car toutes les révélations ne sont que des créations humaines, dont les progrès de l'exégèse biblique depuis Richard Simon et Pierre Bayle ont permis de faire la critique historique et dont les faits montrent assez les funestes conséquences : fanatisme et intolérance (3).

La « religion naturelle », qui satisfait la raison, n'exclut nullement la ferveur. Mais l'amour de Dieu tend à se confondre avec celui de l'humanité : il rend « bienfaisant » ou « philanthrope ». « Dieu immortel, le Genre humain est votre plus digne ouvrage. L'aimer c'est vous aimer » (Montesquieu). Et le traité de métaphysique de Voltaire, rédigé en 1734, commence par un chapitre sur l'homme.

Plaisir et vertu. — Aimer son prochain ne paraît pas trop difficile : Dieu a placé en chacun de nous, croit-on communément avec l'Anglais Shaftesbury (1671-1713), un instinct social qui nous fait rechercher le bien de notre semblable en poursuivant le nôtre. Etre moral, c'est être utile à la société, mais grâce à la Providence nos propres besoins coïncident avec ceux du groupe : « Fais ton bonheur enfin par le bonheur d'autrui » (Voltaire). Ainsi plus de conflit entre la vertu et le bonheur, vouloir être heureux, c'est accomplir les desseins de Dieu — et comme le bonheur n'est qu'un autre nom du plaisir (« Celui-là est actuellement heureux qui a du plaisir », écrit par exemple Voltaire), le plaisir sera le critère de la morale — ce plaisir n'étant pas seulement celui des sens, mais aussi le plaisir de l'âme, ce « sentiment vif de l'existence » que procurent les passions ou le travail intellectuel.

Cet optimisme un peu naïf, qui récuse les objections d'un Mandeville *(Fable des abeilles)* ou d'un La Mettrie (« les hommes sont nés méchants »), se nourrit en particulier du mythe du « bon sauvage », qui jouit, croit-on, « d'un bonheur inconnu aux Français », en vivant « sous les lois de l'instinct » (La Hontan), ainsi que de sa variante, l'âge d'or primitif, remis à la mode par le *Télémaque*.

Vers une science de l'homme. — Pour dépasser le débat moral, il faudrait fonder une science positive de l'homme : c'est ce que prétendent faire Condillac (après Locke) par l'analyse, Buffon et La Mettrie par l'observation.

---

(3) Cf. M.-H. Cotoni, L'exégèse du Nouveau Testament dans la philosophie française du XVIIIe, Oxford, 1985.

Le médecin La Mettrie, ayant constaté que la maladie dérangeait les facultés de penser, affirme que l'âme dépend de l'organisme (*Histoire naturelle de l'âme*, 1745); à Berlin, où il s'est réfugié, il donne ensuite dans *L'homme machine* (1748), sous la forme d'un pamphlet, l'exposé cohérent d'un matérialisme expérimental et mécaniste tout à la fois — et refuse de faire une distinction de nature entre l'homme et l'animal. Buffon, au contraire, bien qu'il parte lui aussi de l'observation, conclut dans son *Histoire naturelle de l'homme* (1749), à une différence essentielle : « L'homme est un animal raisonnable, l'animal est un être sans raison. »

Comprendre le fonctionnement de la raison humaine, c'est précisément ce qu'a voulu faire Locke dans son *Essai sur l'entendement humain* (1690), traduit en français dès 1700. Refusant la théorie cartésienne des « vérités innées », il explique la formation de nos idées par l'expérience — expérience extérieure de la sensation et expérience intérieure de la réflexion — l' « inquiétude » entraînant l'âme à sortir d'elle-même pour aller à la rencontre du monde. Cette « physique expérimentale de l'homme » (d'Alembert) justifie une « analyse » de nos idées dont les plus complexes peuvent être ramenées à des associations d'idées élémentaires. L'influence de Locke, comparable à celle de Newton, se prolonge à la génération suivante par l'intermédiaire de Condillac, auteur de l'*Essai sur l'origine des connaissances humaines* (1746).

Un moraliste attardé : Vauvenargues. — On peut aussi parvenir à la connaissance de l'homme par l'expérience intime et l'observation psychologique dans la tradition des moralistes : Vauvenargues (1715-1747) publie en 1746 l'*Introduction à la connaissance de l'esprit humain*, suivie de réflexions et maximes. Ce qui fait l'originalité de cette œuvre, c'est moins la nouveauté des idées que la sensibilité particulière d'un être que la vie n'a pas épargné : noble mais pauvre, ayant dû abandonner une carrière d'officier après avoir eu les jambes gelées, défiguré par la petite vérole, il a fait l'expérience de l'échec en un temps où l'on voudrait nier le malheur. De là cette « profondeur » admirée par Voltaire, cette tension entre la conscience du mal et la foi en Dieu, entre l'énergie et la mélancolie. Sous forme de maximes ou de fragments, il exprime des idées « philosophiques » et fait confiance au cœur et à l'enthousiasme avec plus de passion que d'autres peut-être : certaines de ses formules l'ont rendu immortel (« les grandes pensées viennent du cœur »).

II. — **Histoire et société**

Autre forme de ce désir de comprendre, la réflexion sur les institutions humaines : Montesquieu fonde la sociologie avec *L'Esprit des lois* (1748) tandis que l'histoire, stimulée par le débat politique, devient « philosophique » avec *Le siècle de Louis XIV* et *L'essai sur les mœurs* de Voltaire.

1. **L'histoire** (4). — *L'histoire érudite.* — Les bénédictins poursuivent la publication de la *Gallia christiana* et du *Recueil des historiens des Gaules*, tandis que les deux pôles de la recherche historique restent l'Antiquité (surtout romaine) et le Moyen Age : Vertot publie son *Histoire des révolutions de la République romaine* en 1719 et *L'histoire romaine* (1738-1741) de Rollin devient aussitôt un ouvrage classique. Le P. Lelong, oratorien, donne avec sa *Bibliothèque historique de la France* (1719) une somme bibliographique sur le Moyen Age national.

L'histoire « politique ». — Dans le même temps, d'autres auteurs se servent de l'histoire pour justifier une thèse politique : le Moyen Age doit fonder pour les uns les droits de la monarchie absolue, pour les autres les prétentions de la noblesse. Ainsi Boulainvilliers (1658-1722), dans son *Etat de la France* (posthume, 1727), affirme que la noblesse descend des conquérants francs, tandis que le peuple est issu des Gaulois soumis — et « il n'y a point de plus grande distinction entre les hommes que celle qui naît de la soumission du vaincu ». En conséquence

---

(4) A compléter par L'histoire au XVIIIe siècle, Centre aixois d'Etudes et de Recherches, 1980 ; ainsi que la thèse de B. Grosperrin, La représentation de l'histoire de France dans l'historiographie des lumières, Paris, 1978 (dactyl.).

Boulainvilliers exècre les bourgeois anoblis et les parlements; quant au roi, héritier des anciens chefs francs, qui n'étaient que les premiers entre leurs pairs, rien ne justifie son pouvoir absolu, usurpé au cours du XVIIe siècle.

C'est dans le même esprit que Saint-Simon, intraitable sur les droits des ducs et pairs, conçoit son *Parallèle des premiers Bourbons*. Quant à ses *Mémoires*, composés à partir de 1723, ils doivent montrer les funestes conséquences d'un absolutisme qui a laissé tout le pouvoir à un esprit « au-dessous de la moyenne », gâté par la flatterie, gouverné par des ministres mal nés et une favorite détestable.

A l'inverse, l'abbé du Bos admire l'Etat antique et souhaite qu'un despotisme intelligent mette fin aux privilèges de la noblesse. Son *Histoire critique de l'établissement de la monarchie française* (1734) réfute les thèses de Boulainvilliers : les Francs ne sont pas arrivés par la force mais ont été accueillis par les autorités romaines et absorbés dans l'Empire, Clovis recevant la pourpre consulaire. C'est donc du droit romain que la monarchie tire sa légitimité, et le droit féodal n'est qu'une survivance barbare (5).

L'histoire « philosophique ». — Poète épique, Voltaire a toujours été fasciné par les grands hommes, Henri IV ou Charles XII, Frédéric II et Louis XIV (6). Mais dans *Le siècle de Louis XIV* (1752), il a voulu écrire l'histoire en philosophe. Peu lui importent les anecdotes de cour, « les petites miniatures », les « illustres bagatelles » : « Ce n'est pas seulement la vie de Louis XIV qu'on prétend écrire; on se propose un plus grand objet. On veut essayer de peindre à la postérité, non les actions d'un seul homme, mais l'esprit des hommes dans le siècle le plus éclairé qui fut jamais. » S'il sacrifie parfois au plaisir du récit traditionnel, Voltaire s'efforce « d'incorporer avec art des connaissances utiles dans le tissu des événements », en évoquant aussi le commerce, les lois, les

---

(5) Cf. J.-M. Goulemot, Discours, histoire et révolution, 1975.
(6) Sur « l'image » de Louis XIV à cette époque, N. Ferrier-Caverivière, Le grand roi à l'aube des lumières (1715-1751), 1985.

finances, les sciences, la religion, et naturellement les arts et les lettres.

Dans l'*Essai sur les mœurs*, il élargit son enquête à l'ensemble de l'humanité — y compris la Chine et l'Amérique — et s'efforce de dégager les lignes de force de l'histoire du monde, de Charlemagne à Louis XIII, soulignant l'importance de quelques « révolutions » (christianisme, croisades, conquêtes coloniales, réforme). Il accorde au genre humain, en dépit de toutes les horreurs de son histoire, un amour de l'ordre qui le pousse à reconstruire et à progresser, sous la conduite de grands souverains. Il constate d'autre part que, malgré l'extrême variété des coutumes, l'homme est partout semblable à lui-même. Cette conviction, partagée par les contemporains, explique leur goût des récits de voyages qui leur tendent un miroir déformé d'eux-mêmes.

La littérature « ethnologique ». — On s'est d'abord intéressé à l'Orient musulman, mis à la mode sous Louis XIV par les relations de Chardin et Tavernier, puis à cette Chine d'où on importe laques et porcelaines et dont on imite les motifs décoratifs : les jésuites publient régulièrement, de 1701 à 1776, des *Lettres édifiantes et curieuses* sur ce pays mystérieux, dont le P. du Halde donne une *Description* en 1745 (7). L'Amérique enfin, patrie du « bon sauvage » des *Dialogues* de La Hontan, est décrite dans les ouvrages des pères Labat, Charlevoix et Lafitau. Mais on éprouve bientôt le besoin de synthèses plus considérables : l'*Histoire générale des voyages* de Prévost, commencée en 1747, deviendra une véritable encyclopédie géographique.

2. Montesquieu et « L'Esprit des lois ». — Là où certains veulent faire un inventaire, Montesquieu veut introduire un principe. Tout ce savoir accumulé par les historiens et les voyageurs il l'utilise comme une somme d'expériences dont il s'efforce de tirer une loi

---

(7) Cf. V. Pinot, La Chine et la formation de l'esprit philosophique en France (1640-1740), 1932.

générale comme Newton l'a fait pour les phénomènes physiques. Telle est l'intention de *L'Esprit des lois*, dont Montesquieu a l'idée vers 1734, mais que son activité antérieure a préparé.

Une vaste curiosité. — Montesquieu s'est intéressé dès sa jeunesse aux questions sociales et les *Lettres persanes* en témoignaient. Par la suite, il participe aux réunions du club de l'Entresol avec plusieurs spécialistes des questions politiques; puis, ayant renoncé à sa charge de magistrat, il fait un « grand tour » d'Europe qui le conduit en Autriche, en Hongrie, en Italie, en Allemagne, en Hollande et en Angleterre (1728-1731) : partout, il prend des notes, s'informe, compare, afin de comprendre les rapports et de saisir l'ensemble — de même qu'il aime à embrasser d'un regard le spectacle d'une ville, du haut d'un clocher ou d'une tour (J. Starobinski). Son admiration va surtout à l'Angleterre, où il passe dix-huit mois.

Les Considérations. — Rentré en Guyenne, Montesquieu relit les historiens romains et publie en 1734 des *Considérations sur les causes de la grandeur des Romains et de leur décadence*, où il raconte moins qu'il ne tente de comprendre cette extraordinaire aventure et ce déclin mystérieux. Pour expliquer, il se refuse à faire appel à la fortune ou aux grands hommes : Rome doit sa grandeur à la vertu des citoyens et à la sagesse du Sénat; la décadence est due à un changement de « maximes », la conquête ayant ruiné l'équilibre initial : l'inégalité accroît les antagonismes sociaux, le despotisme succède à la guerre civile et les vertus civiques disparaissent.

En expliquant, Montesquieu veut aussi instruire : sa sympathie pour la République romaine se nourrit de son admiration pour le régime politique anglais et la critique de l'empire vaut pour la monarchie absolue : les *Considérations* sont une « histoire romaine à l'usage des hommes d'Etat et des philosophes » (d'Alembert).

L'Esprit des lois. — Après avoir raisonné sur l'échantillon romain, Montesquieu élargit son enquête de « physicien des mœurs » à la totalité des faits sociaux répertoriés par les historiens et les voyageurs, et dans un désordre qui nourrissait naguère l'argumentation des sceptiques (« Erreur en deçà des Pyrénées, vérité au-delà »), il s'efforce de reconnaître des principes généraux : « J'ai d'abord examiné les hommes et j'ai cru que, dans cette infinie diversité des lois et des mœurs, ils n'étaient pas uniquement conduits par leurs fantaisies. » Entreprise gigantesque, menée à bien au prix d'un « travail de vingt années », et qui laisse son auteur épuisé, presque aveugle, mais satisfait (« Et moi aussi, je suis peintre, ai-je dit avec le Corrège »).

La critique est pourtant réservée : elle reproche à l'auteur d'avoir accepté des témoignages peu sûrs et sollicité certains faits, bref d'avoir moins expérimenté que procédé en cartésien en déduisant les faits des principes — à quoi l'auteur répond que ces principes étaient tirés « de la nature des choses ». Autre reproche, celui d'avoir manqué d'ordre (« Un défaut continuel de méthode », critique Voltaire). Il est vrai que les six parties de l'ouvrage (divisées en trente et un livres) ne sont pas structurées selon un plan rigoureux, mais plutôt juxtaposées, parfois de manière insolite. Montesquieu saute les idées intermédiaires, supprime les détails superflus, « car qui pourrait tout dire sans un mortel ennui ? ». A cette composition en « chaîne » répond un style peu académique : tantôt lapidaire et sentencieux à la manière de Tacite, tantôt sèchement éloquent, cultivant la surprise, Montesquieu met en pratique les principes qu'il expose par ailleurs dans son article sur le goût. Il affectionne particulièrement la dissymétrie, faisant succéder à un long développement un chapitre très bref, comme celui qui traite du despotisme en trois lignes : « Quand les sauvages de la Louisiane veulent avoir un fruit, ils coupent l'arbre au pied, et cueillent le fruit. Voilà le gouvernement despotique. » A l'évidence, Montesquieu a voulu piquer son lecteur, même s'il est injuste de prétendre comme Mme du Deffand qu'il n'a fait que « de l'esprit sur les lois ».

Après un livre « des lois en général », qui distingue le droit naturel et les lois positives — objet de son étude —, Montesquieu définit la nature et les principes (livres II et III) des « trois espèces de gouvernements » : le républicain, le monarchique, le despotique », qui reposent respectivement sur la vertu, l'honneur et la crainte. Il examine ensuite les conséquences de ces principes sur les lois particulières concernant l'éducation, la propriété, le droit pénal, le luxe (IV à VII) et conclut que les différents gouvernements se corrompent quand leurs principes s'altèrent — sauf le despotisme, « corrompu par nature ». Après le droit international (IX-X), Montesquieu aborde la question de la liberté (XI à XIII) et fait l'éloge du système politique anglais qu'il croit fondé sur la séparation des trois pouvoirs (exécutif, législatif, judiciaire).

Le livre XIV expose la célèbre théorie des climats : de l'observation d'une langue de mouton gelée, Montesquieu conclut qu'on a moins de sensibilité dans les pays froids que dans les pays chauds (« Il faut écorcher un Moscovite pour lui donner du sentiment ») et explique par le climat l'esclavage, la polygamie, les conquêtes (XV à XVII).

Le livre XIX introduit la notion d' « esprit général » (ou « mœurs ») d'une nation, qui résulte des facteurs précédents. Les livres suivants traitent du commerce, de la démographie, des rapports entre les lois et la religion : Montesquieu reconnaît au christianisme une heureuse influence sur le droit, mais demande que l'on borne les biens du clergé et dénonce très vivement l'Inquisition.

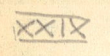

Il conclut sur l'évolution du droit et « la manière de composer les lois », en se gardant des « idées d'uniformité ». Les deux derniers livres, rajoutés au dernier moment, réfutent les thèses romanistes de l'abbé du Bos sur les origines de la France.

Le baron de La Brède n'est pas un observateur venu de Sirius : quand il plaide pour une monarchie s'appuyant sur les corps intermédiaires, il défend le point de vue de la noblesse (ce qui agace les encyclopédistes) — et de sa « physique » sociale, on peut aisément déduire une « politique » libérale, réactionnaire par certains côtés (L. Althusser), moderne par d'autres, critique pour le régime existant (avec prudence) et pour l'Eglise, idéaliste quand il s'agit de l'esclavage ou de la tolérance car Montesquieu, s'il est sociologue, est aussi moraliste. Cependant il n'écrit pas « pour censurer ce qui est établi » — au risque de paraître le justifier à force de l'expliquer, comme Rousseau le lui reprochera.

Mais, dans l'immédiat, Montesquieu doit se défendre contre l'Eglise qui n'admet pas que l'on considère la religion du seul point de vue de son utilité sociale : *L'Esprit des lois* est mis à l'index. Les adversaires de Montesquieu sont les mêmes que ceux de l'*Encyclopédie* — et Diderot comme d'Alembert lui marquent une grande admiration : quant à *L'Esprit des lois*, il sera désormais la référence obligée des écrivains politiques, à commencer par Rousseau. Pourtant, quand Montesquieu meurt en 1755, une nouvelle époque a déjà commencé.

DEUXIÈME PARTIE

LE TRIOMPHE DES LUMIÈRES (1750-1789)

Chapitre Premier

LA FIN DE L'ANCIEN RÉGIME ET LE « SACRE DE L'ÉCRIVAIN »

I. — Eclat et déclin de la monarchie

1. Faiblesse de l'absolutisme. — *Le règne des maîtresses.* — L'année 1750 n'est pas un tournant pour l'histoire politique : Louis XV n'a plus de Premier ministre depuis la mort du cardinal Fleury (1743) et c'est la favorite, Mme de Pompadour, qui en tient lieu, exerçant dans tous les domaines une influence considérable, jusqu'à sa mort en 1764 : outre qu'elle fait les ministres et infléchit la politique étrangère, elle protège les arts et les lettres, choisit les pièces que l'on joue à la Cour, accorde des pensions. A la fin du règne, son rôle est repris — avec moins d'éclat — par Mme du Barry. Entre-temps, l'horreur du supplice de Damiens (1757), les échecs de la politique étrangère, les excès d'un libertinage cynique ont fini par rendre le roi très impopulaire.

La réforme de Maupeou. — Louis XV pèche pourtant moins par autoritarisme que par faiblesse. La nécessité financière et les progrès des Lumières conjuguant leurs effets, on parle de plus en plus de réformes, fiscale notamment : mais les tentatives de Machault (1749), de Silhouette et de Bertin se heurtent aux protestations du clergé ou à l'agitation des parlements. En 1770 pourtant Louis XV choisit d'être enfin un « despote éclairé » : la réforme de Maupeou supprime les parlements et abolit la vénalité des charges — la justice devient gratuite. Voltaire applaudit — mais Diderot s'indigne. Malgré le tapage parlementaire, la cause paraît gagnée, quand la mort du roi, en 1774, remet tout en question. Louis XVI rappelle les parlements et les privilégiés sauront désormais empêcher toute réforme.

L'impuissance de Louis XVI. — Turgot, le favori des philosophes, qui avait voulu appliquer le programme de la bourgeoisie libérale, est discrédité par la « guerre des farines »; par la suite, ni Necker ni Calonne ni Loménie de Brienne ne sont en mesure de rétablir l'équilibre financier, faute de pouvoir réformer la fiscalité : cet échec rend nécessaire la convocation des Etats généraux. Si l'absolutisme est ainsi devenu un régime faible, prisonnier des privilèges et des traditions, l'Etat paraît toujours plus puissant dans les provinces où les intendants cumulent tous les pouvoirs, et il commence à se donner les instruments d'un gouvernement plus efficace : Cassini achève sa carte de France en 1783, cependant que l'on dresse les premières statistiques météorologiques, démographiques, économiques.

2. **Progrès économique et réaction sociale.** — *Une phase d'expansion.* — La France n'a jamais été aussi prospère : le mouvement commencé après la Régence se poursuit jusqu'à la Révolution, malgré des crises en 1770 et 1788. Le nombre des hommes s'accroissant rapidement — de 22 millions en 1765 à 25 millions environ en 1789 —, la demande intérieure est forte et la hausse des prix rapide (65 % en moyenne de 1730 à 1790); mais si les fermages doublent, les salaires n'augmentent guère et les principaux bénéficiaires de cette conjoncture sont les détenteurs de la terre et les négociants. L'argent disponible fait travailler une industrie de luxe brillante — meubles en bois précieux de « style Louis XVI », modes extravagantes —, mais il s'investit aussi dans le commerce maritime, où les profits sont considérables, dans l'agriculture et dans l'industrie.

Agronomie et progrès techniques. — La noblesse découvre l'agriculture : inspiré de l'Angleterre, préconisé par le marquis de Mirabeau (le père), justifié par les écrits des physiocrates (Quesnay publie en 1758 son *Tableau économique*), le retour à la terre ne plaît guère aux paysans car il donne naissance à un individualisme agraire (« édits de triage »), qui condamne les plus pauvres à quitter le village. En tout cas la mode est à l' « agronomie » (mot inventé vers 1760) : Duhamel du Monceau publie de 1750 à 1756 un gros *Traité de la culture des terres* d'après les principes de Jethro Tull, Parmentier améliore et vulgarise la pomme de terre, Voltaire assèche les marais de Ferney, la nation tout entière se met « à raisonner sur les blés ».

On s'intéresse aussi à l'industrie : le comte de Buffon construit des forges modernes à Montbard, le comte de Tourney (Voltaire) a sa fabrique de montres, le fermier général Helvétius sa manufacture de bas. Mais c'est vers 1780 que culmine l'engouement pour les sciences et les arts appliqués : les sujets du roi serrurier sont curieux de la « pompe à feu » de Chaillot ou des nouveaux métiers à tisser importés d'Angleterre, ils se passionnent pour le paratonnerre de Franklin ou pour les premières montgolfières, ils s'enthousiasment pour les découvertes de l'astronome Herschel ou du chimiste Lavoisier — ils tombent aussi dans les pièges de charlatans comme Mesmer ou Cagliostro (1).

La réaction nobiliaire. — Cette noblesse si ouverte au progrès quand il s'agit de science, si bien disposée pour la nouveauté intellectuelle en général, est intraitable quand il s'agit de ses privilèges. La contradiction n'est d'ailleurs pas entière : elle pense restaurer son ancien pouvoir politique quand elle combat l'absolutisme avec les armes idéologiques des Lumières. La « réaction nobiliaire » qui précède la Révolution lui permet de monopoliser les grades de l'armée (édit de 1781) comme les dignités de l'Eglise : dépensant toujours plus, elle accapare les pensions, restaure certains droits féodaux oubliés. Enfin, exalté par l'exemple d'un La Fayette pendant la guerre d'Amérique, l'héroïsme frondeur renaît à la veille de la Révolution : la convocation des Etats généraux paraît refermer la parenthèse d'un siècle et demi d'absolutisme et plusieurs membres de la haute noblesse jouent un rôle éminent au début de la Révolution, à commencer par le duc d'Orléans, grand maître d'une franc-maçonnerie où les nobles sont très nombreux.

3. La guerre. — La seconde moitié du siècle est guerrière : dès la fin des années 1750, la France et l'Angleterre s'affrontent

---

(1) Cf. R. Darnton, La fin des lumières : le mesmérisme et la Révolution, 1984.

dans un combat mortel dont le véritable enjeu est maritime et colonial, même quand on semble se battre pour l'équilibre européen. De 1756 à 1763, la France, alliée à l'Autriche depuis le « renversement des alliances », combat l'Angleterre et la Prusse : de cette « guerre de Sept ans » où la fortune balance longtemps avant de couronner Frédéric II, l'opinion retient surtout les humiliantes défaites françaises (Rossbach, 1757) qui portent gravement atteinte au prestige de la noblesse militaire. Le traité de Paris (1763), où la France abandonne à l'Angleterre l'Inde et le Canada, paraît avoir sauvé l'essentiel puisque, au prix de « quelques arpents de glace », on conserve les Antilles sucrières et les cinq comptoirs de l'Inde. Pourtant, quelle que soit l'indifférence des philosophes, dont la sympathie irait plutôt à Frédéric, une sorte de patriotisme nouveau semble naître de cette défaite : le *Siège de Calais* de Belloy obtient un triomphe au théâtre en 1765. Dans les années qui suivent, le gouvernement de Choiseul prépare la revanche : l'armée est réorganisée par Saint-Germain, la tactique rénovée par Guibert, l'armement modernisé par Gribeauval. La marine surtout fait l'objet des efforts les plus importants : les techniques progressent, cependant que les grands voyages d'exploration de Bougainville (1769-1771) et La Pérouse (1785-1788) font connaître les mers du Sud. Sur le continent, tandis que les despotes éclairés de Prusse, d'Autriche et de Russie se partagent la Pologne obscurantiste (1772), la France s'agrandit de la Lorraine (1766) et de la Corse (1768).

La guerre avec l'Angleterre reprend en 1778 quand Louis XVI apporte son soutien aux « Insurgents » américains. Une série de victoires, sur mer, notamment, conduisent au traité de Versailles (1783), succès dont les finances royales ne se remettront pas.

4. Anglomanie et anticomanie. — Curieusement, tandis que la France combat partout l'Angleterre et que se réveille un patriotisme qui s'exaspérera bientôt dans la haine de Pitt, l'anglomanie fait fureur dans l'aristocratie (2). Les parcs à l'anglaise ou « jardins romantiques » remplacent les jardins à la française à Ermenonville, Monceau, Bagatelle; le Vaux-Hall devient l'attraction à la mode, on se met à organiser des courses de chevaux, la mode, le vêtement, le mobilier sont imités de l'Angleterre

---

(2) J. Grieder, Anglomania in France (1740-1789) : fact, fiction and political discourse, Genève, 1985.

bien avant que le traité de commerce de 1786 n'ouvre les frontières aux produits d'outre-Manche. On commence aussi à boire du thé, à installer des « lieux à l'anglaise ». Quant à la littérature, elle est plus que jamais ouverte aux influences anglaises, Richardson, Young, Gray, Ossian — et Shakespeare.

Les jardins anglais sont souvent agrémentés de quelques ruines, dans le goût d'un temps qui découvre une Antiquité rajeunie par les inventions archéologiques d'Herculanum, de Paestum et surtout de Pompéi, dont on imite bientôt les fresques dans la décoration d'intérieur. A partir de 1750, tandis qu'on s'engoue dans la musique italienne et des comédies de Goldoni, les peintres et les architectes reprennent le chemin de la péninsule — de Rome surtout —, à la suite de Cochin et Marigny et, reniant les grâces du rococo, commencent à retrouver un nouveau classicisme que David et Ledoux illustrent avec éclat vers 1780. Plus tard, on se tourne vers la Grèce, où l'on cherche à la fois une leçon esthétique, conformément aux principes de Winckelmann, et des modèles politiques à la veille de la Révolution.

II. — Règne de l'opinion et sacre de l'écrivain

1. Une démocratisation de la littérature ? — Dans la seconde moitié du siècle, le public des lecteurs s'élargit, tandis que le métier d'écrivain s'ouvre à des hommes issus du peuple.

A) *Les lecteurs.* — Tous les témoignages concordent, on lit de plus en plus dans le peuple. Les idées nouvelles se répandent dans les couches intermédiaires (bourgeoisie petite et moyenne des avocats et médecins de province, artisans et commerçants, militaires, ecclésiastiques). Partout, c'est une « manie de lire », une « fureur d'apprendre », dont témoignent entre autres la future Mme Roland (née en 1754) ou le jeune Bonaparte (né en 1769). Manifestations de cette curiosité, la multiplication des sociétés de pensée, l'affluence aux conférences du Musée scientifique ou aux cours de littérature du Lycée, la prolifération des périodiques locaux, revues techniques et gazettes en tout genre. Les tirages de la *Gazette de France* et du *Journal de Paris* (hebdomadaires) s'accroissent, le *Mercure de France* (mensuel) a 15 000 lecteurs à la veille de la Révolution; en revanche, le *Journal des Savants*, les *Mémoires de Trévoux* (qui cessent de paraître en 1762) restent réservés à une élite.

Ce public plus nombreux n'achète pas toujours les livres, que l'on peut louer dans des cabinets de lecture ou emprunter dans les bibliothèques publiques nouvellement créées. Cela n'empêche pas certains ouvrages d'être de très grands succès de librairie : *La Nouvelle Héloïse* connaît 72 éditions de 1762 à 1800, *Candide*, une cinquantaine; l'*Encyclopédie*, malgré son coût élevé, trouve 4 000 souscripteurs — et les éditions ultérieures sont tirées à des dizaines de milliers d'exemplaires, pour le plus grand profit d'un Panckoucke (3). Quant au nombre des livres publiés chaque année, il aurait au moins triplé au cours du siècle, passant de 1 000 à 3 000 environ (H.-J. Martin).

B) *Les auteurs. Milieu, formation, moyens d'existence.* — Si Voltaire et Montesquieu étaient issus de la minorité privilégiée, si Helvétius ou d'Holbach disposent encore de grandes fortunes, la plupart des écrivains de la seconde moitié du siècle sont ou bien des cadets de l'aristocratie plus ou moins révoltés (Sade, Condorcet, Mirabeau, Laclos, Boufflers), ou plus souvent, comme Rousseau ou Diderot, des enfants de la classe moyenne industrieuse des artisans et commerçants (Beaumarchais, Marmontel, Rivarol, Mercier, Sedaine, Chamfort, Chénier, etc.). Ils sont en général passés par le collège — laïc pour les plus jeunes d'entre eux, les collèges jésuites ayant été fermés en 1762. Le débat pédagogique qui s'engage à cette occasion précipite une évolution que les pères avaient amorcée : on fera désormais plus de place aux sciences, au français, à l'histoire, aux langues étrangères; mais le latin, bien que vivement contesté, conserve une place de choix et, si l'importance du théâtre diminue, la rhétorique reste au centre de l'enseignement.

La carrière des hommes de lettres est diverse, mais ils ont en commun de tout attendre de la littérature, gloire et fortune. Leur modèle est Voltaire, riche de ses 200 000 livres de rentes, célèbre dans toute l'Europe, correspondant de Frédéric II et de Catherine de Russie, véritable roi de Paris à son retour dans la capitale en 1778. Pourtant Voltaire doit sa fortune — sinon sa gloire — à d'autres talents que celui des lettres, et s'il trouve un émule en Beaumarchais, la plupart des écrivains du temps sont loin de faire fortune. Pour ne pas « mourir de faim » comme Malfilâtre, il faut faire de petits métiers — enseignement, traduction, copie, métiers du livre —, à moins qu'on ne tire des revenus plus réguliers d'une carrière militaire comme

---

(3) S. Tucoo-Chala, Ch. J. Panckoucke et la librairie française, 1977.

Saint-Lambert, Boufflers ou Laclos, ou d'un bénéfice ecclésiastique. D'autres vendent leur plume à de puissants patrons (Palissot, Laclos). La gloire venue, on peut sans déshonneur accepter une pension ou un poste de journaliste officiel : Marmontel devient directeur du *Mercure*, Suard de la *Gazette de France*. C'est que leurs livres ne suffisent pas à nourrir les écrivains, le droit d'auteur n'étant pas encore reconnu — mais Diderot écrit un mémoire à ce sujet en 1763 et Beaumarchais fonde en 1777 une sorte de syndicat des auteurs dramatiques; la même année, plusieurs arrêts du Conseil du roi posent enfin le principe de la propriété littéraire de l'auteur.

Vie sociale. — L'Académie voit le parti des « chapeaux » — celui de l'*Encyclopédie* — l'emporter, peu à peu, sur celui des « bonnets » — les dévots —, le choix de d'Alembert pour succéder à Duclos comme secrétaire perpétuel en 1772 consacrant le triomphe des philosophes.

Quant aux salons, ils changent peu à peu de nature. Le plus célèbre est celui de Mme Geoffrin (1699-1777), une riche bourgeoise connue dans toute l'Europe. On continue de venir chez Mme du Deffand, maintenant aveugle, mais c'est surtout pour Julie de Lespinasse (1734-1776), une jeune fille pauvre dont la marquise a fait sa lectrice. Chassée par la vieille dame à qui elle porte ombrage, Julie ouvre son propre salon où elle accueille très simplement, avec son cher d'Alembert, des philosophes sérieux et sensibles.

Le ton bourgeois du salon de « la muse de l'*Encyclopédie* » répond à l'humeur de la nouvelle génération, qui goûte moins la vie mondaine, et que la frivolité des grands agace : rares sont désormais les écrivains présentés à la Cour, et si l'on continue de fréquenter quelques salons aristocratiques, on préfère rester entre soi pour déjeuner philosophiquement chez M. et Mme Helvétius ou chez le baron d'Holbach, « le maître d'hôtel de la philosophie ». Plus tard, ce sera chez Mme Necker ou chez les Suard.

On aime aussi à prolonger la conversation à la campagne, où les idées semblent prendre essor plus librement : d'Holbach invite souvent ses amis — et notamment Diderot — dans son château du Grandval, Mme d'Epinay reçoit Grimm et Rousseau à la Chevrette. Voltaire accueille volontiers à Ferney ses nombreux admirateurs. Quant à Rousseau, il dialogue avec lui-même, plus loin encore, suscitant bientôt de nombreux imitateurs et faisant du Valais un lieu privilégié de l'inspiration littéraire.

A l'opposé du silence de la nature, le bruissement des cafés parisiens exerce une séduction un peu canaille : les classes sociales s'y mêlent, la discussion y est vive, on y joue aux échecs dans le brouhaha. C'est déjà un décor idéal pour la satire des « intellectuels », si l'on en juge par *L'Ecossaise* de Voltaire ou par *Le neveu de Rameau*. L'été, la faune des cafés se répand dans les jardins ouverts au public : Tuileries, Luxembourg, et surtout à la veille de la Révolution, jardins du Palais royal, où les nouvelles circulent vite. Certains écrivains découvrent aussi les charmes de la flânerie dans les rues, qui renouvelle l'inspiration de ces piétons de Paris que sont le Rétif des *Nuits* ou le Mercier des *Tableaux de Paris*.

2. **Le sacre de l'écrivain.** — *Les nouveaux clercs.* — Les écrivains sont devenus des « vedettes », dont les échotiers des *Mémoires secrets* rapportent les moindres faits et gestes, dont la *Correspondance littéraire* de Grimm fait connaître aux princes de l'Europe les dernières inventions. On leur reconnaît une véritable fonction sociale : d'éducateur (« Sa profession est de cultiver sa raison pour ajouter à celle des autres », proclame La Harpe); de médecin de la société (Voltaire se félicite qu'il ait « détruit les préjugés dont la société était infectée »); voire de conducteur du peuple, à la manière des orateurs de Rome et d'Athènes (Malesherbes).

Ne pouvant être aristocrates, ne daignant être bourgeois, les philosophes prennent conscience d'être les nouveaux prêtres et ils revendiquent hautement ce « sacerdoce » (P. Bénichou) contre les anciens clercs : la conscience de leur mission fait d'eux des militants de la nouvelle foi, celle des lumières et de la raison, et l'Eglise est leur ennemie privilégiée, « l'infâme ». Pour la combattre, ils se servent naturellement du vocabulaire religieux : les encyclopédistes sont une « secte », « un corps d'initiés », dont les membres sont « frères » — et malheur au dissident, à l'hérétique : Rousseau est vraiment excommunié.

Mais il y a plus : on commence à voir dans l'écrivain, le « poète », le « génie » une sorte de médiateur, de prophète, de mage — surtout s'il a comme Rousseau l'auréole du martyre. En tout cas, l'homme de lettres est bien le conseiller des rois, comme autrefois Sénèque (Diderot à Saint-Pétersbourg) et le législateur des peuples (Rousseau pour la Pologne et la Corse). Quant à Voltaire, il fait l'opinion européenne et triomphe des parlements : c'est un véritable héros que l'on couronne de laurier, à qui on élève des statues, comme ailleurs à Buffon et à Rousseau. Plus que tout autre, Rousseau est vénéré comme une sorte de saint que l'on vient consulter rue Platrière — « galetas, séjour des rats, mais sanctuaire du génie » (Ligne), ou adorer dans l'île des Peupliers.

Le pouvoir et les écrivains. — Dans ces conditions, il est difficile au pouvoir de sévir contre les auteurs trop audacieux. Il y a longtemps que l'on n'emprisonne plus Voltaire — en France —, même si l'intéressé joue volontiers à se faire peur. D'une façon plus générale, la longue querelle de l'*Encyclopédie* permet d'arriver à un compromis acceptable après l'expulsion des jésuites : l'esprit philosophique devient une sorte d'idéologie officielle, majoritaire à l'Académie, mais aussi largement répandue dans les cercles dirigeants de l'Etat, qui voient tout le parti qu'on peut en tirer pour la modernisation du pays. En contrepartie, le groupe intellectuel paraît exercer une sorte de censure à l'égard de ses membres les plus audacieux (Rousseau notamment, mais Diderot s'autocensure), l'utopie servant de refuge à quelques réfractaires.

Dès lors, même si la législation reste inchangée, on ne poursuit plus guère les écrivains, et c'est rarement à l'initiative du pouvoir d'Etat — l'Eglise et les parlements sont plus dangereux pour les philosophes que la Direction de la Librairie, confiée à des « sympathisants », Malesherbes ou Sartine (4). La censure subsiste mais les permissions tacites deviennent plus fréquentes et l'on ne sévit que sporadiquement, contre des obscurs aussitôt célèbres : Prades en 1752, Morellet en 1760, Delisle de Sales en 1770 (5). Il est vrai que Raynal et Mercier doivent s'exiler en Suisse et que Beaumarchais passe quelques jours en prison après *Le mariage de Figaro* — mais cette dernière affaire illustre surtout la faiblesse royale. Quant à Sade et à Mirabeau on ne les emprisonne pas pour leurs écrits, mais pour leurs mœurs — comme si déjà le combat s'était déplacé du terrain des idées à celui des actes et si le temps de la subversion morale et politique succédait à celui de l'audace intellectuelle.

---

(4) Cf. P. Grosclaude, Malesherbes témoin et interprète de son temps, 1961.
(5) Cf. P. Malandain, Delisle de Sales philosophe de la nature (1741-1816), Oxford, 1982.

Chapitre II

L'AGE DE L' « ENCYCLOPÉDIE »

I. — L' « Encyclopédie »

C'est la grande affaire de cette génération, « la pierre de touche de l'engagement philosophique ». Conçue d'abord comme une entreprise commerciale, elle devient ensuite un symbole et l'hostilité résolue des tenants de la tradition cristallise la solidarité des philosophes qui finissent par l'emporter.

1. **Une histoire mouvementée.** — *Les débuts de l'entreprise et les premières polémiques.* — Au départ, le projet banal, confié à l'abbé Gua de Malves, de traduire un dictionnaire anglais, la *Cyclopaedia* de Chambers, paru en 1728; puis, les « libraires associés » (Le Breton, Briasson, Laurent et David) s'étant adressés à Diderot et d'Alembert (le premier chargé de revoir les traductions, le second, mathématicien célèbre, servant de conseiller scientifique), le projet plus ambitieux d'une œuvre originale empruntant cependant certains matériaux à Chambers, ainsi qu'aux dictionnaires de Harris et Formey. Diderot traduit, recrute des collaborateurs — Rousseau, d'Holbach, l'abbé de Prades, Falconet entre autres —, réunit des planches et des dessins, enquête lui-même dans des ateliers. Son incarcération à Vincennes en 1749, à la suite de la *Lettre sur les aveugles,* ne ralentit guère son activité : libéré après trois mois, il annonce en octobre 1750, dans le *Prospectus*, la publication de huit volumes de textes et deux de planches.

Dès ce *Prospectus*, une controverse s'engage entre Diderot et le P. Berthier, directeur du *Journal de Trévoux* : grâce à cette publicité, 1 400 exemplaires ont déjà été souscrits lorsque paraît, en juin 1751, le premier tome de l'*Encyclopédie, ou*

Dictionnaire raisonné des arts et métiers, par une société de gens de lettres. Le Discours préliminaire qui l'accompagne et qui a été rédigé par d'Alembert, mais aussi plusieurs des articles, sont aussitôt dénoncés par les jésuites, qui relèvent des plagiats, mais accusent surtout l'*Encyclopédie* de saper les fondements de l'Etat et l'autorité de la religion. L'affaire de la thèse de l'abbé de Prades leur donne de nouveaux arguments et le parti dévot obtient en 1752 un arrêt du Conseil du roi interdisant les deux volumes parus et ordonnant de saisir les manuscrits de l'*Encyclopédie*. Ceux-ci purent toutefois être mis en lieu sûr grâce à la bienveillance de Malesherbes, et l'arrêt n'interdisait pas l'impression des tomes suivants.

En revanche les philosophes se mobilisent : Turgot, Necker, Quesnay, Bordeu, Tronchin, La Condamine, Duclos, Marmontel, Morellet offrent de collaborer; Voltaire et Montesquieu envoient des encouragements; surtout Diderot trouve dans le chevalier de Jaucourt un homme à tout faire compétent et dévoué (1). Les tomes 3 à 7 parurent de 1753 à 1757 : malgré une nouvelle polémique à propos de l'article « Collège », les encyclopédistes évitent les imprudences, même si Diderot énonce clairement leurs principes dans l'article « Encyclopédie ». Les contributions de Voltaire — qui donne plusieurs articles littéraires — et de Montesquieu, auteur de l'article sur le goût, servent le prestige de l'œuvre.

La crise de 1758-1759 et la fin de la publication. — A partir de 1757 pourtant, le climat devient moins favorable. L'attentat de Damiens incite les autorités à plus de sévérité, et les attaques des adversaires se font plus vives : Saint-Cyr et Moreau publient respectivement un *Mémoire* et un *Nouveau mémoire sur les Cacouacs* (c'est-à-dire les philosophes), Palissot des *Petites lettres sur des grands philosophes*. Là-dessus, l'article « Genève » de l'*Encyclopédie*, où d'Alembert présentait les pasteurs comme des quasi-déistes, place Voltaire dans une situation difficile et entraîne la rupture entre Rousseau et d'Alembert. Mais c'est la publication, en 1758, du livre d'Helvétius, *De l'esprit*, d'inspiration sensualiste, qui provoque le scandale : l'auteur, très proche de Diderot, doit rétracter ses thèses impies, tandis que jésuites et jansénistes redoublent leurs attaques.

En janvier 1759, enfin, le Parlement de Paris condamne

---

(1) Cf. M. Morris, Le chevalier de Jaucourt, Genève, 1979.

l'*Encyclopédie*, dont le Conseil du roi révoque le privilège. Mais trop d'intérêts sont en jeu pour que l'entreprise puisse s'arrêter complètement ou même s'expatrier : la publication des volumes de planches se poursuivra avec un nouveau privilège tandis que la rédaction des textes continuera discrètement. La polémique atteint cependant des sommets en 1761. Fréron ne cesse de dénoncer de nouveaux plagiats dans *L'année littéraire* (« l'âne littéraire » selon Voltaire); au théâtre, Palissot ridiculise Diderot (Dortidius), Helvétius et Rousseau dans *Les philosophes*, tandis que Voltaire attaque Fréron (Frelon) dans *L'Ecossaise*. Lefranc de Pompignan, s'étant posé en adversaire des philosophes à l'Académie, se fait ridiculiser par Voltaire dans une série de courts poèmes (les « quand », « pour », « qui », etc.). Palissot lui-même est éreinté par l'abbé Morellet dans la *Préface de la comédie des philosophes*, qui vaut la Bastille — et la gloire — à son auteur.

Le tumulte s'étant apaisé, Diderot qui a refusé la proposition de Catherine II de venir poursuivre la publication à Riga, fait paraître onze volumes de planches de 1763 à 1772 et « encyclopédise comme un forçat » avec Jaucourt — d'Alembert s'étant retiré — pour achever la rédaction des articles, tandis que l'actualité retentit de l'expulsion des jésuites et du combat pour la tolérance qui oppose Voltaire aux parlements jansénistes. En 1764, il découvre avec indignation que le libraire Le Breton, par crainte de la censure, a mutilé ses textes d' « une serpe ostrogothe », mais il est trop tard. Les dix derniers volumes de textes paraissent en une seule fois en 1766, le pouvoir fermant les yeux.

2. **Le monument de la raison humaine.** — « *Un livre du peuple* ». — Au terme de ces quinze ans de travail et de combat, qui ont fait la fortune des éditeurs, sinon celle de Diderot, et donné de l'ouvrage à une foule d'artisans et d'ouvriers, l'œuvre achevée compte 28 volumes — 17 de textes et 11 de planches. L'édition originale (in-folio) s'est vendue à plus de 4 000 exemplaires, mais les nombreuses rééditions in-4° et in-8° — sans parler de plusieurs contrefaçons — procurent à l'*Encyclopédie* une audience beaucoup plus vaste, accrue encore par la publication de morceaux

choisis, voire par les citations que font les adversaires.

Même si ses acheteurs et ses lecteurs ne forment pas un groupe social absolument homogène (2), il est vrai que l'*Encyclopédie* répond aux aspirations d'une bourgeoisie de progrès, qui a le goût des « arts utiles », même si elle ne participe pas directement aux activités de production (3). Avec l'*Encyclopédie*, les arts mécaniques sont admis dans la culture, à côté des sciences et des arts libéraux : Diderot n'a pas dédaigné d'écrire un article sur le métier à bas. Rendus intelligibles à un vaste public, grâce aux planches et aussi grâce à un important travail de « traduction » des jargons techniques, les mille secrets des différents métiers deviendront une sorte de capital commun à tout le peuple, source de nouveaux progrès.

Un « dictionnaire raisonné ». — Mais l'*Encyclopédie* ne méprise pas pour autant la culture traditionnelle : son ambition est universelle, elle doit se substituer selon le *Prospectus* à toute une bibliothèque et fournir à l'honnête homme du XVIIIe siècle les éléments de toutes les sciences et de tous les arts — mathématiques et médecine, histoire et grammaire, théologie et droit, musique et littérature : il s'agit en un mot de « faire le tour », conformément à l'étymologie du titre, des immenses connaissances accumulées depuis un siècle.

Le tour du propriétaire, l'homme ayant commencé à se rendre « maître et possesseur de la nature » — qui n'a d'intérêt que par rapport à lui —, mais aussi une sorte de flânerie « sensuelle » dans les différents cantons du savoir, dont on se plaît à explorer la diversité avant de l'organiser. D'où le choix de l'ordre alpha-

---

(2) Cf. R. Darnton, L'aventure de l' « Encyclopédie », Paris, 1981.
(3) Cf. J. Proust, L' « Encyclopédie », Paris, 1965.

bétique, le plus naïf, de préférence à un exposé systématique ; toutefois l'arbre des connaissances de Bacon est cité comme modèle et on procède à des renvois — malicieux à l'occasion — d'un article à l'autre. On est d'autant moins dogmatique que le travail d'équipe juxtapose des contributions inégales et des points de vue très variés : il y eut au moins 150 collaborateurs et Diderot ne put — ou ne voulut — relire chaque article. Il y a même parfois de franches contradictions d'un article à l'autre, voire à l'intérieur d'un même article : de là l'impression de « bigarrure » (Diderot), sinon de « fatras » (Voltaire) que l'on pouvait retirer de cette « polyphonie » (J. Proust).

Pourtant les contemporains n'ont pas eu tort de croire qu'il y avait un message de l'*Encyclopédie*, que ses adversaires se chargeaient d'ailleurs d'expliciter. Non que la critique de la religion ait été au premier plan, car la censure ne l'aurait pas permis : elle est limitée à de courts articles apparemment anodins comme dans le premier volume « Agnus scythicus » ou « Aius locutius ». Mais on se passe de la Bible et des explications traditionnelles pour rendre compte des faits de la science ou des événements de l'histoire. En outre, des nombreux articles d'histoire de la philosophie, souvent rédigés par Diderot lui-même d'après Brucker, se dégage comme du *Dictionnaire* de Bayle une leçon critique : il faut conclure qu'en effet, comme Cochin l'affirme au frontispice de l'*Encyclopédie*, la vérité a été dévoilée par la raison en dépit de la résistance de la théologie et de la métaphysique. Mais ce dévoilement n'est pas une fin en soi : en levant les obstacles au progrès des connaissances, on permettra aux hommes de l'avenir, devenus « plus instruits », d'être aussi « plus vertueux et plus heureux ».

II. — Voltaire et le combat pour la tolérance

Tandis que Diderot et son équipe construisent leur monument malgré les obstacles, Voltaire, marginal et pourtant au centre de tout, les soutient de toute la force de son talent polémique, de ses conseils — parfois un peu timorés —, de son influence et de ses relations.

« *L'ermite des Alpes* ». — Le séjour de Berlin n'a pas répondu à ses espoirs. Si Frédéric II est « philosophe », il est aussi roi et homme de lettres : le roi prend très mal certaines incartades du poète en qui l'homme de lettres ne peut s'empêcher de voir un rival. A la suite de querelles où lui-même n'est pas sans reproche, Voltaire rentre en France (après un arrêt forcé à Francfort) : il erre quelque temps dans l'est du royaume, avant de se fixer près de Genève, d'abord aux Délices, puis en 1758 à Ferney, en territoire français mais à proximité de la frontière. C'est là qu'il passe les dernières années de sa vie dans son château, au milieu de ses terres qu'il prend plaisir à améliorer, voisin malcommode pour le curé de Ferney et pour le président de Brosses, ainsi que pour les Genevois dont il fait travailler les imprimeurs et recueille les exilés, mais dont il attise aussi les querelles intestines et défie les traditions austères en donnant la comédie dans son théâtre.

Mais l'horizon de Voltaire ne se réduit pas à son « ermitage » : outre qu'il reçoit d'innombrables visiteurs, il ne cesse de correspondre avec toute l'Europe, avec ses amis parisiens et ses relations d'affaires, mais aussi avec des ministres, avec le roi de Prusse, avec la tsarine, voire avec le pape. Dans des milliers de lettres pleines de verve, s'adaptant à merveille à ses interlocuteurs, en vrai « caméléon » il aborde les sujets les plus divers, prend parti dans les querelles littéraires, s'indigne d'une injustice : le ton est vif, enjoué, varié, à l'image de cette conversation étincelante dont témoignent tous ceux qui ont approché Voltaire. Mais il n'écrit pas seulement pour amuser ses correspondants : il agit en écrivant, appelle, relance, intercède, ameute, s'entremet, flatte, proteste — et cette correspondance ne contribue pas peu à faire l'opinion européenne, c'est-à-dire celle de ceux qui comptent, qui constituent cette « république des gens cultivés » dont il est le prince.

Le combat contre le fanatisme. — En vérité, c'est toute l'œuvre qui est désormais action : les nombreux libelles et pamphlets, ses « rogatons » et ses « facéties », mais aussi les ouvrages philosophiques, les contes et même les tragédies. « J'écris pour agir », affirme-t-il — mais s'il est vrai qu'il pense et écrit « par articles » (Pomeau), sa fécondité donne le vertige et, dans la diversité des genres abordés, son propos atteste une cohérence et une continuité remarquables : sa grande affaire, c'est le combat contre le fanatisme, la superstition, les jansénistes — et même les jésuites avec qui il a rompu définitivement à propos de l'*Encyclopédie* (*Relation de la mort du jésuite Berthier*, 1759). Voltaire jette toute son énergie dans la lutte contre l'Eglise catholique, l' « infâme » dont il dénonce sans cesse l'intolérance, responsable de tant de crimes passés et présents (la Saint-Barthélemy notamment, dont l'idée le rend malade d'horreur). S'il ne peut que recenser avec rage dans l'*Essai sur les mœurs* (1756) les méfaits du fanatisme dans l'histoire, il agit avec persévérance pour obtenir la réhabilitation de Calas en 1763 — le *Traité de la tolérance* publié à cette occasion n'a rien d'un ouvrage abstrait. Lors des affaires Sirven et La Barre (*Avis au public*, 1766), sa critique s'élargit aux institutions judiciaires, à ces parlementaires égoïstes et paresseux qui font torturer des innocents et décapiter pour une bagatelle (*Commentaire sur le livre des délits et des peines*, 1766; *André Destouches à Siam*, 1767).

Voltaire n'oublie pas l'arme du rire. Critiquant la Bible (*Sermon des cinquante*, 1752; *Examen de milord Bolingbroke*, 1755; *Extrait des sentiments de Jean Meslier*, 1752), il retrouve les arguments des maîtres de sa jeunesse libertine, et certains de ses contemporains — d'Holbach, Boulanger (4), Condorcet — sont au moins aussi audacieux que lui. Mais ce qui fait l'efficacité de la critique voltairienne, c'est qu'elle ridiculise toutes les menues invraisemblances des textes sacrés. Pas de grand traité, mais des questions impertinentes posées par de petits personnages amusants — Zapata, Pediculoso, le rabbin Akib — et toujours, jubilatoire ou grinçant, ce style si exactement conforme au tempérament nerveux de Voltaire. Il ne recule pas devant la plaisanterie obscène (*La pucelle*, 1762) mais même dans le *Dictionnaire philosophique portatif* (1764), sorte d'encyclopédie en réduction ou dans les *Questions sur l'Encyclopédie* (1772), les anecdotes et les dialogues interrompent constamment l'exposé érudit qui a l'air de se moquer de lui-même.

Les contes. — De ces ouvrages de polémique par le dialogue ou l'apologue, Voltaire passe aisément aux contes proprement dits, qui sont sa distraction et son refuge. Il a toujours eu l'imagination romanesque et adore les situations extraordinaires au théâtre : le genre du conte lui permet de s'y abandonner sans remords. Ses personnages ne paraissent guère plus consistants que les marionnettes de ses dialogues : eux aussi ont l'esprit « candide » ou « ingénu » et s'interrogent naïvement sur « le monde comme il va ». Mais pas plus qu'il ne fait de traité philosophique, Voltaire n'écrit de contes à thèse, tout au plus mêle-t-il à un récit auquel il prend un plaisir évident ses préoccupations du moment : il a écrit *Micromégas* quand il étudiait Newton et *Zadig* tandis qu'il s'interrogeait sur la Providence et rêvait d'être ministre. De même il compose *Les voyages de Scarmen-*

---

(4) Cf. P. Sadrin, N. A. Boulanger (1722-1759) ou « Avant nous le déluge », Oxford, 1983. Voir aussi R. Desné, Les matérialistes français de 1750 à 1800, 1965.

tado (1753) à son retour de Prusse. Quant à *Candide* (1759), son chef-d'œuvre, où la question du mal fournit le fil conducteur, il traduit le pessimisme de Voltaire après l'aventure prussienne, le tremblement de terre de Lisbonne, la guerre de Sept ans, les querelles genevoises. Les aventures de son héros, d'Allemagne en Turquie, en passant par le Portugal et l'Amérique, et même par Paris, lui permettent de faire une démonstration sinistre et cependant presque allègre de la misère humaine. S'il y a une « leçon » du conte, elle est de morale pratique, c'est celle que Voltaire, le « philosophe voyageur » (Pomeau) a tirée lui-même de ses tribulations en se fixant à Genève, en renonçant à s'interroger sur la métaphysique et en choisissant d'être un « pessimiste actif ».

Le déisme de Voltaire. — Son pessimisme et son refus de la métaphysique n'ont pourtant pas fait de Voltaire un athée : jamais ce sceptique n'a cessé de croire au « Dieu de tous les êtres, de tous les mondes et de tous les temps », qu'il voit d'autant plus grand que l'homme lui paraît désespérément petit : mais il lui parle familièrement comme à un égal — « Voltaire à Dieu », comme au tympan de l'église de Ferney qu'il a fait reconstruire —, il le prend à témoin que les usages d'en bas sont bien ridicules et les lois humaines bien imparfaites : Voltaire aussi a créé Dieu à son image.

Son Dieu de la raison, Voltaire le défend et contre Rousseau qui « épaissit le nuage » en s'adressant à la sensibilité, et surtout contre les athées (*Poèmes sur la loi naturelle*, 1751; *Dialogue entre Lucrèce et Poseidonius*, 1756). Il s'irrite fort de la publication en 1770 du *Système de la nature* de d'Holbach, auquel répond son *Histoire de Jenni* (1775). C'est toute sa conviction intime qui proteste contre l'athéisme, même s'il affecte parfois de réduire le débat à un enjeu politique : « Si Dieu n'existait pas, il faudrait l'inventer », car l'existence d'un « Dieu vengeur et rémunérateur » garantit l'ordre social et dissuade les voleurs. Il y a du prédicateur chez ce patriarche qui monte en chaire dans son église et insère quatre « catéchismes » dans le *Dictionnaire philosophique.*

La « faute à Voltaire ». — Voltaire assurément se méfie du peuple que l'on peut si aisément fanatiser : il se demande s'il est bien nécessaire de l'instruire (« Distingue toujours les honnêtes gens qui pensent de la populace qui n'est pas faite pour penser »). En politique, c'est la monarchie absolue qui a sa préférence, le « despotisme », à condition qu'il soit éclairé : mais dans sa fureur d'éclairer ses compatriotes, ces « Welches » fermés au progrès et si infatués d'eux-mêmes, Voltaire ne respecte guère les institutions existantes. Ses victoires sur les parlements, dans les affaires judiciaires dont il s'est occupé, ont montré l'efficacité du journalisme et la puissance de l'opinion, et elles ont sans doute préparé la Révolution, dont le triomphe parisien du « roi Voltaire », à la veille de sa mort, est une sorte d'avant-journée.

III. — Une encyclopédie parallèle : L'*Histoire naturelle* de Buffon

A l'écart des polémiques, le comte de Buffon poursuit patiemment, pendant près de quarante ans, la publication des trente-six volumes de son *Histoire naturelle*, qui fait de lui un écrivain aussi célèbre que Voltaire et Rousseau. Buffon (1707-1788) a commencé par s'intéresser aux mathématiques et à la métallurgie, mais sa nomination en 1739 comme intendant du Jardin du Roi (le jardin des Plantes) décida de sa véritable vocation : en même temps qu'il augmente méthodiquement les collections de plantes et d'animaux, il conçoit le projet grandiose d'un inventaire de la nature plus complet et surtout moins providentialiste que celui de l'abbé Pluche. Cette entreprise commencée en 1749, Buffon devait y travailler jusqu'à sa mort, partageant son temps entre Paris et Montbard, se tenant à l'écart des controverses qui agitent le monde littéraire et s'attirant de ce fait l'hostilité des philosophes, dont ses conceptions le rapprochent pourtant à bien des égards.

L'œuvre est en effet encyclopédique dans son ambition, puisqu'il ne s'agit de rien moins que de décrire tous les « ouvrages » de la nature. Elle l'est aussi dans son inspiration, Buffon refusant les classifications *a priori* — telle celle de Linné — que l'on plaque sur les faits : il prétend s'en tenir à une observation minutieuse et à une description aussi exacte que possible de la réalité, poussant parfois le scrupule jusqu'à éviter de se servir de tout jargon scientifique, au risque d'être obligé de recourir à des périphrases un peu ridicules. Encyclopédique encore le travail d'équipe : Buffon s'entoure de collaborateurs spécialisés comme Daubenton, Guineau de Montbard, Bexon, Faujas de Saint-Fond et attache une grande importance aux planches.

Surtout, ce qui rapproche Buffon des encyclopédistes, c'est que, comme eux, il est entièrement « laïc » : il n'a pas besoin des textes sacrés pour rendre compte des faits qu'il décrit. Non qu'il critique explicitement la Bible : il n'en parle pas — et si la Sorbonne lui fait remarquer qu'il contredit l'Ecriture, il se rétracte sans difficulté, soit prudence, soit indifférence réelle. Mais ses lecteurs apprennent de lui que la science se passe fort bien de la Révélation.

Comme les encyclopédistes enfin, Buffon est anthropocentrique : c'est à l'homme qu'il consacre le premier volume de son *Histoire naturelle*, il en fait son premier objet d'étude, même s'il se garde de le réduire à une animalité dont sa raison et sa perfectibilité le détachent. Anthropologue avant le mot, Buffon accumule dans l'*Histoire naturelle de l'homme* (1749) des faits et des anecdotes en tout genre sur les hommes de tous les pays et de toutes les races, recourant à la biologie et à la statistique, avec une prédilection pour les exceptions et les monstres. Les volumes suivants de l'*Histoire naturelle* traitent des quadrupèdes, à commencer par ceux qui sont les plus proches de l'homme et les plus utiles pour lui, comme le cheval et le mouton ; on n'arrive qu'ensuite aux oiseaux et aux minéraux. Présentation volontairement naïve — comme l'ordre alphabétique de l'*Encyclopédie*.

Buffon est donc bien le contemporain de Diderot et d'Alembert, mais c'est un marginal, et pas seulement parce qu'il refuse de s'engager dans le combat commun : en un temps où l'on ne jure que par l'expérience, cet observateur a le goût des théories, il est trop « systémateur » pour l'opinion moyenne. N'a-t-il pas fait précéder son *Histoire naturelle* d'un *Discours de la manière d'étudier et de traiter l'histoire naturelle* et d'une *Théorie de la terre*? Il n'hésite pas à proposer des hypothèses hardies, entrevoit la variabilité des espèces et l'unité du système solaire, comprend l'intérêt des fossiles pour l'histoire de la terre.

Surtout, et bien qu'il ait recours à des collaborateurs, Buffon entend faire une œuvre personnelle, il se veut écrivain autant que savant et prend plaisir à varier les styles. Familier, il rapporte simplement ce que son voisin lui a raconté, décrit sans façon telle de ses expériences. Précieux, il minaude à propos d'un quadrupède. Eloquent, majestueux, grandiose, il atteint parfois à une sorte de poésie cosmique — ses *Epoques de la nature*, publiées à part en 1778, l'ont fait comparer à Lucrèce. Savant et poète, Buffon a conscience, face à l'immense diversité de la nature qu'il tient sous son regard, d'être un sujet unique, capable d'ordonner le monde dans une vision personnelle à la fois rationnelle et sensible. C'est ainsi que son célèbre *Discours sur le style* (« Le style, c'est l'homme ») pour classique qu'il soit, résume aussi une expérience intime.

IV. — **Condillac et le sensualisme**

Le *Traité des sensations* de Condillac (1714-1780) est une sorte d'évangile philosophique pour cette époque. Son auteur a commencé par être un fidèle disciple de Locke dans son *Essai sur l'origine des connaissances humaines* (1746) où, tout en faisant de l'expérience la source de nos connaissances, il suppose une certaine activité de l'esprit, en distinguant entre la sensation et la réflexion. Mais il ajoute que c'est grâce au langage que l'homme parvient à la réflexion : un langage qui ne lui a pas été donné par la nature, mais qu'il a inventé lui-même, qui a été « institué » par les sociétés humaines, au terme d'une longue évolution historique. Condillac en déduit que les signes sont arbitraires et qu'il n'y a aucune relation naturelle entre le mot et la chose (5).

---

(5) Voir J. Sgard *et al.*, Condillac et les problèmes du langage, Genève, 1982 ; N. Rousseau, Connaissance et langage chez Condillac, Genève, 1986.

Grâce à cette notion de langage médiateur, il est possible à Condillac d'aller plus loin que Locke et de ramener toute notre activité intellectuelle à un seul principe, la sensation. Dans son *Traité des sensations* (1754), pour reconstituer la genèse d'un esprit, il suppose une statue privée de toute idée, mais qu'il dote successivement des différents sens : du seul odorat découlent déjà l'attention — née de la vivacité de la sensation —, la mémoire et l'imagination — de sa persistance —, le besoin et donc la volonté, la comparaison et le discernement. Peu à peu, comparant le témoignage des différents sens, la statue acquiert le « sentiment fondamental » — ou conscience d'elle-même — que l'expérience du monde extérieur vient ensuite compléter ou corriger.

L'homme n'est donc plus une « substance pensante », il serait plutôt une substance sentante (« je sens, donc j'existe », écrira Bernardin de Saint-Pierre), que son désir entraîne vers les impressions qui l'affectent le plus fortement. Il est facile de tirer de cette philosophie une « morale du sentiment » : les sensations fortes remplacent les idées claires comme critère de la vérité (« les passions ne trompent pas »), ou du moins d'une vérité subjective préférée à la médiocrité commune. Helvétius (1715-1771) développe avec méthode toutes les conséquences morales et politiques du sensualisme dans ses livres *De l'esprit* (1758) et *De l'homme* (posthume, 1772), mais c'est toute la littérature « sensible » qui puise chez Condillac sa justification théorique.

V. — **Les genres littéraires « à l'enseigne de l'Encyclopédie »**

Au temps de ces ouvrages ambitieux que sont l'*Encyclopédie*, l'*Histoire naturelle* ou l'*Essai sur les mœurs*, tandis que l'heure est à la mobilisation contre l'Eglise et la tradition, il n'y a guère de place pour une littérature frivole. Les genres traditionnels subsistent, mais ils sont mis à contribution pour servir au grand dessein, cependant que des formes nouvelles apparaissent.

Le théâtre. — Enjeu capital, car la communication est immédiate dans ce lieu « où la nation se rassemble » (Voltaire), il est plus que jamais en faveur, dans l'aristocratie qui multiplie les

« théâtres de société » comme dans la bourgeoisie, à Paris où apparaissent les premiers théâtres de boulevard, et en province où beaucoup de salles nouvelles sont édifiées à cette époque. Si la plupart des œuvres visent d'abord à distraire — la mode est aux « proverbes » qui font le succès de Carmontelle ou de Collé, à l'opéra-comique où triomphe Mme Favart —, le théâtre reflète aussi le mouvement des idées. En 1760, il sert de champ clos à la grande polémique entre les philosophes et leurs adversaires. Par la suite, Voltaire recourt volontiers à la scène pour vanter le despotisme éclairé (*L'orphelin de Chine*, 1755), prêcher la tolérance (*Les Guèbres*, 1769), réclamer une meilleure justice (*Les lois de Minos*, 1773). A son exemple, un Laharpe, un Lemierre, un Leblanc de Guillet déclament sur la scène contre le fanatisme et les préjugés (*Mélanie*, 1770; *La veuve de Malabar*, 1770; *Les druides*, 1772).

Mais il y a plus important : comme l'*Encyclopédie* avait fait entrer les arts mécaniques dans la culture et réhabilité le savoir concret des gens de métier, le théâtre s'ouvre au monde « réel », c'est-à-dire bourgeois. Diderot donne dans ses *Entretiens avec Dorval* et dans son *Discours de la poésie dramatique* la définition d'un genre nouveau, « le drame bourgeois » qu'il illustre lui-même avec *Le fils naturel* (1757) et *Le père de famille* (1758). Malgré l'échec relatif de ces deux pièces, le genre connaît une réelle faveur de 1760 à 1770 : d'une production abondante, on peut retenir *Le philosophe sans le savoir* (1765) où Sedaine fait l'éloge de « l'honneur des négociants », les drames de Mercier, qui est aussi théoricien, le *Beverley* de Saurin (1768), *Le comte de Comminges* de Baculard d'Arnaud, ainsi que les drames de Beaumarchais.

Le drame, « genre sérieux » à mi-chemin de la tragédie et de la comédie, met en scène non des caractères, mais des « conditions », c'est-à-dire des personnages moyens — ni aristocrates ni valets —, définis socialement par leur profession et leur situation dans la famille : leurs malheurs domestiques — la faillite par exemple pour un commerçant — peuvent être aussi tragiques que les catastrophes traditionnelles et leurs sentiments aussi élevés, voire héroïques que ceux des rois. L'intrigue est sobre, le décor et les costumes sont simples et parlants, afin d'offrir au spectateur des « tableaux »; la langue est celle de tous les jours : pas de vers, des monologues souvent hachés, des phrases inachevées, afin de mieux communiquer au spectateur l'émotion qui le transformera, non par l'effet de la terreur et de la pitié — sentiments religieux —, mais par l'exemple de la vertu et par l'attendrissement qu'il provoque; la morale et l'art, comme le savoir, sont laïcisés.

Marmontel et le conte moral. — Edifier le public, c'est aussi l'objet que se propose Marmontel (1723-1799), inventeur d'un genre qui lui procure une gloire européenne. Il publie à partir de 1761 plusieurs recueils de *Contes moraux*, qui associent à un tableau assez réaliste des mœurs du temps une morale un peu naïve : on pleure beaucoup, les méchants se convertissent à la vertu et « il n'y a rien de mieux à faire pour être heureux que d'être bon ». Marmontel écrit encore un roman philosophique où il défend la tolérance, et qui fait de lui un des héros de son parti : *Bélisaire*, condamné en 1767, est défendu chaleureusement par Voltaire *(Anecdotes sur Bélisaire)*. Enfin, Marmontel dénonce le fanatisme des Espagnols et leurs crimes coloniaux dans sa longue *Histoire des Incas* (1777), sorte d'épopée en prose poétique (6).

La veine du conte moral est illustrée aussi par Mme Leprince de Beaumont *(La belle et la bête)*, par Mercier (*Contes moraux*, 1769), Sylvain Maréchal (*Le temple de l'hymen*, 1771) et un peu plus tard par Mme de Genlis (*Les veillées du château*, 1784).

On peut rattacher au conte moral le roman sentimental, volontiers moralisateur, qui prolifère à mesure qu'une nouvelle couche sociale accède à la culture : romans par lettres de Mme Riccoboni, romans d'éducation de Gérard ou de Guillard, romans larmoyants de Baculard d'Arnaud, dont l'œuvre est

---

(6) Cf. M. Cardy, The literary doctrines of J. F. Marmontel, Oxford, 1982.

comme « une encyclopédie des passions et des malheurs ». Seule, *La Nouvelle Héloïse* émerge de cette production de masse.

La poésie didactique et descriptive. — La poésie elle-même se fait encyclopédiste, soit qu'elle veuille enseigner une science ou un art, soit qu'elle devienne méditation philosophique, ou encore qu'elle cherche à décrire la nature, de façon méthodique. Voltaire, qui reste le poète par excellence, s'interrogeait sur le problème du mal dans son *Poème sur le désastre de Lisbonne* (1756). A son exemple, un Thomas ou un Lebrun-Pindare mettent volontiers de la philosophie dans leurs odes, Malfilâtre décrit *Le soleil fixe au milieu des planètes* (1758), d'autres auteurs font en vers de véritables traités sur *La déclamation théâtrale* (Dorat), sur *L'art de peindre* (Watelet), sur *La peinture* (Lemierre).

Mais c'est la poésie descriptive qui caractérise le mieux le goût poétique de cette époque : à mi-chemin de l'agronomie et de l'idylle, ces œuvres inspirées de l'Ecossais Thomson et du Suisse Gessner (1756), veulent être comme des « géorgiques françaises ». Saint-Lambert devient célèbre avec ses *Saisons* (1769), Colardeau, le « poète aux champs », écrit des *Epîtres* physiocratiques, Roucher publie en 1779 son grand poème des *Mois*.

VI. — Deux marginaux : Morelly et Deschamps

Morelly. — On sait peu de chose de lui : peut-être régent de collège à Vitry-le-François, il s'intéresse à la pédagogie et à l'esthétique en sensualiste, ainsi qu'aux questions économiques et sociales. On lui attribue surtout, outre une utopie épique, la *Basiliade* (1753), le célèbre *Code de la nature* (1755), qui fut longtemps considéré comme une œuvre de Diderot.

Morelly condamne la propriété privée pour des raisons morales (« l'impitoyable propriété mère de tous les crimes ») et imagine une société conforme à la nature de l'homme et reposant sur trois lois fondamentales et sacrées : la propriété personnelle est interdite, sauf dans la limite des besoins quotidiens; chacun a droit à un emploi; chaque citoyen doit contribuer au bien-être de la collectivité dans la limite de ses forces et ses capacités (l'agriculture étant réservée aux jeunes gens). L'organisation sociale repose sur une sorte de fédéralisme et chacun exerce tour à tour le pouvoir. Ce communiste, qui influencera notamment Babeuf, n'est cependant pas un matérialiste : la loi naturelle à laquelle il se réfère résulte d'un plan divin (7).

Deschamps. — En revanche, le moine bénédictin dom Deschamps (1716-1774) n'hésite pas à se déclarer athée. A l'abbaye de Montreuil-Bellay et au château des Ormes, il inspire une petite secte d'initiés (dont le marquis d'Argenson est le principal adepte), à qui il confie le « mot de l'énigme », « le vrai système ». Peu connu de son vivant, bien qu'il ait correspondu avec Rousseau et Voltaire et rencontré Diderot (qui fut sensible à l'originalité de son « gros bénédictin »), Deschamps ne publia que deux opuscules : les *Lettres sur l'esprit du siècle* (1769) et *La voix de la raison contre la raison du temps* (1770). Mais il réserve le fond de sa pensée à des cahiers qui, conservés au château des Ormes et à la bibliothèque de Poitiers, n'ont été révélés que par fragments à partir de 1865 et vraiment exploités que depuis une dizaine d'années (8).

Le « vrai système », c'est à la fois une métaphysique et une utopie sociale. Formé aux modes de pensée scolastiques, Deschamps emploie un vocabulaire étranger à un temps qui ne connaît que les faits et l'expérience : son système repose sur une dialectique du tout, du rien et de Tout, qui avait de quoi dérouter les contemporains, mais qui a fait de lui, pour ses lecteurs plus tardifs, un précurseur de Hegel. En revanche, son utopie, bien qu'indissociable au fond de la métaphysique, était plus accessible. Deschamps pense en effet contre les philosophes, mais avec leurs idées, où il voit des « demi-lumières » qu'il entend dépasser. Ainsi, empruntant à Rousseau le schéma d'une évolution qui aurait conduit l'humanité de l'état sauvage à l'état policé (« l'état de lois »), il annonce un troisième stade utopique, « l'état de mœurs ».

Dans l'état de lois, la propriété privée (« le tien et le mien ») a engendré des institutions tyranniques dont le soldat et surtout le prêtre sont les deux garants — car c'est le prêtre qui permet à l'oppression de durer en sanctifiant les lois. Celles-ci ont dénaturé l'homme et l'ont rendu vicieux et malheureux. Les

---

(7) Sur Morelly, voir N. Wagner, Morelly, le méconnu des Lumières, 1978 ; ainsi que les articles de G. Antonetti, RHLF, 1983-1984.
(8) Cf. L. Robinet, Deschamps, le maître des maîtres du soupçon, 1974 ; voir aussi le chapitre consacré à Deschamps par B. Baczko, Lumières de l'Utopie, 1978 ; ainsi que W. Bernardi, Morelly et dom Deschamps, Utopia e ideologia nel secolo dei Lumi, Florence, 1979.

philosophes ont commencé d'en prendre conscience, mais ils ont confondu l'effet et la cause en bornant leur critique à la religion ; même la nostalgie d'un Rousseau pour l'état sauvage ne fait que manifester l'insatisfaction profonde des hommes dans l'état de lois. Toutes ces critiques précipiteront l'inévitable révolution qui conduira l'humanité au bienheureux état de mœurs, si elle sait accueillir la révélation de Deschamps — dont elle aura soin ensuite de brûler le livre, dès qu'il aura produit son effet.

L'état de mœurs sera un état social sans lois où, la propriété abolie, toutes les hiérarchies disparaîtront, les hommes vivant dans des villages communautaires où les besoins élémentaires seront satisfaits par un travail modéré, le luxe étant exclu ; tout sera commun, y compris les femmes et les enfants ; bien plus, les différences individuelles cesseront car la nature humaine n'étant que le produit de la forme politique, les notions de beau et de laid n'auront plus de sens dans cette société fondée sur l'égalité absolue, qui ne connaîtra pas le changement, où la mort même perdra le sens que nous lui connaissons, les individus étant interchangeables. Ici, l'utopie rejoint la métaphysique : les parties cessent de se différencier, leur négation en tant que parties permettant de fonder l'existence de Tout.

CHAPITRE III

LES « FRÈRES ENNEMIS » : DIDEROT ET ROUSSEAU

Si Voltaire ne cesse d'occuper la scène du siècle et si ses incarnations successives en résument parfois les différentes phases, ce brillant reflet du « siècle philosophique » exprime admirablement son temps plus qu'il ne l'invente, il est Protée plutôt que Prométhée. A l'inverse, Diderot et Rousseau ouvrent des voies nouvelles, bientôt divergentes, à la pensée et à la sensibilité. Ils ont beaucoup de points communs : nés à un an d'intervalle, dans des milieux comparables, ils ont mûri lentement une pensée audacieuse et systématisée. L'un et l'autre extrêmes et sensibles, partageant le goût de la musique italienne et de la nature sauvage, ils sont amis à trente ans et travaillent ensemble, mais la gloire, la méfiance, la différence de leurs caractères véritables et l'opposition de leurs pensées creusent bientôt un fossé de rancune et de haine. Pourtant, obligés de se justifier désormais devant l'opinion, ils écrivent encore l'un pour l'autre et se répondent. Plus que la querelle de Voltaire et de Rousseau, cet affrontement met à jour les malentendus des lumières et annonce les clivages de la Révolution.

I. — Diderot (1713-1784)

1. Formation et premières œuvres. — Denis Diderot était le fils d'un maître coutelier de Langres, notable local et « père de famille » à la solide autorité, qui le fit étudier chez les jésuites de la ville, puis au collège d'Harcourt à Paris, afin d'en faire un chanoine comme son oncle; mais s'il retira de ces études une très bonne connaissance de la culture ancienne, le jeune homme déçut les projets familiaux : après avoir tâté de la théologie et du notariat, il préféra la vie de bohème — la faim, l'amour, le théâtre —, gagnant sa vie comme précepteur ou comme traducteur, mais aussi lisant et méditant, capable sans doute de « se renfermer dans son grenier, boire de l'eau, manger du pain sec et se chercher soi-même ». Bien qu'il n'aime guère les mondanités, il se fait des amis parmi les gens de lettres — Rousseau, Mably, Condillac —, mais c'est une lingère qu'il épouse en 1743 — contre le gré de son père, qui le fait enfermer un moment; elle sera pour lui une épouse assez acariâtre, mais lui donnera en 1753 une fille adorée, Angélique (Mme de Vandeul).

Métaphysique et expérience. — A trente ans, Diderot est « philosophe ». Après des traductions de l'anglais (un dictionnaire de médecine, l'*Essai sur le mérite et la vertu* de Shaftesbury), il publie en 1746 des *Pensées philosophiques* d'inspiration déiste et l'année suivante la *Promenade du sceptique*, où il semble hésiter entre les thèses déiste, matérialiste et spinoziste dont débattent dans « l'allée des marronniers » quelques représentants de ce peuple des philosophes, « naturellement gai et sérieux, sans être taciturne et sévère ». Mais Diderot ne peut se satisfaire du scepticisme : le chemin de la vérité passe par l'expérience.

Demander la lumière au « flambeau de l'expérience », ce n'est pas très original en un temps où l'héritage de Locke et de Newton est un bien commun : mais Diderot — comme Condillac —, imagine plus qu'il ne vérifie. L'imagination se donne libre cours dans *Les bijoux indiscrets*, roman écrit pour sa maîtresse en 1748, où il développe toutes les conséquences — piquantes — d'une hypothèse fantaisiste : le sultan Mangogul, grâce à un anneau magique, peut faire parler sans retenue les « bijoux » des femmes de la Cour, qui en révèlent de belles; dans un chapitre intitulé « Rêve de Mangogul ou voyage dans la région des hypothèses », Diderot montre l'ancien palais de la philosophie ruiné par le jeune colosse Expérience. Rêve encore dans La *Lettre sur les aveugles* (1749), qui conduira son auteur à Vincennes. Au départ, une démarche expérimentale authentique : pour vérifier si le fonctionnement de l'esprit humain peut s'expliquer par la combinaison des sens, examinons comment pense un aveugle-né; il s'avère que sa morale est différente de la nôtre (« il ne fait pas grand cas de la pudeur »). Mais imaginant ensuite un entretien entre un pasteur et le mathématicien aveugle Saunderson, Diderot prête à celui-ci un véritable « délire », exposé passionné d'un matérialisme plus métaphysique qu'expérimental, vision d'un monde en constante évolution, où l'ordre momentané n'est dû qu'au hasard, où « le mouvement continue et continuera de combiner des amas de matière jusqu'à ce qu'ils aient obtenu quelque arrangement dans lequel ils puissent persévérer ».

Dès cette époque, Diderot est en possession de cette intuition fondamentale qu'il ne fera que préciser par la suite, notamment dans *Le rêve de d'Alembert*. Pour l'heure, il justifie dans *Les Pensées sur l'interprétation de la nature* (1753-1754) le recours au « rêve » par les lacunes (provisoires) de l'expérience. Rejetant la méthode mathématique et l'explication *a priori*, il s'en tient aux faits accumulés par les « manouvriers d'expérience », mais en attendant qu'ils forment une séquence complète, il appartient à l'imagination de proposer des « conjectures » et de poser des questions. Pour réduire l'espace qui sépare le domaine de l'imagination de celui de l'expérience, une seule solution, multiplier ses connaissances dans tous les domaines : « Ariste conclut qu'il avait beaucoup à apprendre. Il rentra chez lui. Il s'y renferma pendant une quinzaine d'années. Il se livra à l'histoire, à la philosophie, à la morale, aux sciences et aux arts ; et il fut à 55 ans homme de bien, homme instruit, homme de goût, grand auteur et critique excellent ». Tel est à peu près le programme de Diderot encyclopédiste.

2. Au temps de l' « Encyclopédie ». — *L'encyclopédiste*. — Pendant quinze ans, Diderot s'identifie à l'*Encyclopédie*, qui sans lui n'aurait sans doute pas été achevée, et qui absorbe un moment toutes ses forces. Sa contribution personnelle à la rédaction des textes est très importante, même si on ne peut la mesurer exactement, beaucoup d'articles n'étant pas signés. On sait pourtant qu'outre des articles définissant les grandes orientations (« Art », « Encyclopédie »), Diderot rédigea des articles techniques (« Bas »), l'article sur le « Beau », de très nombreux articles d'histoire de la philosophie après 1755, ainsi

que des textes divers (« Délicieux », « Indissoluble », « Simultané »...).

Directeur de la publication, Diderot est surtout l'âme d'un groupe d'amis, la « coterie holbachique » : il est le philosophe par excellence, le « frère Platon » de la secte. D'une curiosité inlassable (« pantophile »), il s'instruit de musique auprès de Rousseau ou de Rameau, de sculpture avec Falconet, de peinture avec Chardin, de médecine avec Bordeu ou de chimie avec Rouelle. Peu avare de ses talents, il prête volontiers sa plume à ses amis (d'Holbach, Raynal et même Rousseau, dont il corrigea le premier *Discours*), et surtout il leur prodigue sa « verve » incomparable dans des conversations quotidiennes. Certes, il a parfois des sautes d'humeur qui lui font soudain désirer d'être seul, mais la conversation lui est intellectuellement nécessaire, car pensant de façon dialectique, il a besoin d'interlocuteurs pour multiplier les points de vue et faire le tour d'une question — et c'est tout naturellement qu'il adopte la forme du dialogue dans presque toutes ses œuvres (« Nous ne composons pas, nous causons »).

Du théâtre à la peinture : les salons. — Curieusement, avec ce goût du dialogue et son talent de conversation, Diderot ne réussit guère au théâtre : peut-être éprouvait-il trop fortement les sentiments qu'il voulait inspirer au public en ces années où il découvre Richardson en pleurant et frémit de la sensibilité « romantique » des *Entretiens avec Dorval*. Est-ce la leçon de son propre échec qu'il tire quinze ans plus tard dans le *Paradoxe sur le comédien*, quand il assure que, pour bien rendre un sentiment, l'acteur (l'auteur ?) doit avoir surmonté l'émotion initiale et faire appel à son métier plutôt qu'à sa sensibilité (« Les larmes du grand comédien descendent de son cerveau »)?

Il est possible que ses réflexions sur la peinture l'aient conduit à cette conclusion. Théâtre et peinture entretiennent en effet pour Diderot des liens étroits : au théâtre, il voulait des « tableaux », juxtaposant sous les yeux du spectateur ce que le discours ne permet d'exposer que successivement; mais la peinture, il la voudra théâtrale. C'est qu'il a une vision globale de l'esthétique, à laquelle il s'est d'abord intéressé (*Lettre sur les sourds et muets*, 1751; article « Beau », 1752), avant d'aborder la peinture du point de vue technique (*L'histoire et le secret de la peinture en cire*, 1755). Ensuite, avec son ami Grimm, il fréquente régulièrement les salons qui ont lieu désormais tous les deux ans dans la Cour carrée du Louvre, et en donne à la *Correspondance littéraire*, de 1759 à 1771, ainsi qu'en 1775 et 1781, des comptes rendus qui font de lui un des pionniers de la critique d'art.

Ses goûts sont tranchés : dédaignant Boucher, il admire surtout Vernet, La Tour, Chardin et Greuze — ainsi que David en 1781. Il a un faible pour la grande peinture, veut des tableaux qui parlent (« Courage, mon ami Greuze, fais de la morale en peinture! »), mais la « magie » de Chardin le bouleverse, qui donne si bien l'illusion du réel. S'il réagit avec toute sa sensibilité aux ruines d'Hubert Robert ou aux marines de Vernet, il s'efforce aussi d'analyser en technicien les procédés du peintre. Il a compris que l'art n'était pas simple imitation de la nature, mais « traduction » de celle-ci dans un autre langage — l'œuvre belle n'imite pas la nature, elle naît d'une « idée » que la nature a inspirée au peintre génial. De même, le critique transpose son émotion dans le code littéraire pour communiquer au lecteur l'impression que la toile a produite sur lui.

La religieuse. — Il y a aussi des tableaux (pathétiques) dans ce second roman de Diderot, écrit (mais non publié) vers 1760, à partir d'un fait divers. Suzanne Simonin, l'héroïne, écrit au marquis de

Croismare, personnage réel que Diderot et ses amis veulent mystifier, un récit de sa vie et des persécutions qu'elle a endurées dans l'enfer monastique. Livre anticlérical, c'est surtout un roman des « malheurs de la vertu », souvent d'une grande intensité dramatique, c'est aussi une démonstration de l'aliénation physique qu'entraîne un mode de vie contraire à la nature.

3. Un silence intarissable. — En 1765, quand s'achève l'*Encyclopédie*, Diderot est passé par de graves épreuves : il a rompu avec Rousseau en 1758, perdu son père, subi les attaques haineuses de Palissot et ses pareils, rencontré un demi-échec au théâtre avec *Le fils naturel*, été trahi par son libraire. Au cours de ces années difficiles, une seule compensation, la rencontre de Sophie Volland qui restera son amie fidèle jusqu'à la fin et à qui il écrit des centaines de lettres pleines de tendresse, et d'une grande liberté de ton. Ayant vendu sa bibliothèque à Catherine II, qui lui sert désormais une rente viagère, désireux de jouir enfin de son aisance et de ses loisirs, peu soucieux de retourner à Vincennes, mais conscient que l'audace de sa pensée ne serait pas tolérée, Diderot n'écrit plus guère que pour la *Correspondance littéraire* (recopiée à la main pour une douzaine de lecteurs princiers, surtout allemands), quand ce n'est pas pour la seule postérité. De sorte que le Diderot que nous connaissons aujourd'hui n'a été révélé que peu à peu, au cours du XIXe et du XXe siècle. Cette autocensure aboutit en réalité à lever toute censure : écrivant « du tombeau », Diderot ne ménage rien ni personne, et il y gagne une liberté et une modernité incomparables.

Le neveu de Rameau en est le plus bel exemple. Dans cette « satire », qui fut éditée en allemand (dans une traduction de Gœthe) avant de l'être en français, Diderot relate une conversation au café de la Régence, entre « Lui » et « Moi ». Lui, c'est une espèce de parasite amoral, musicien raté, neveu du grand Rameau, et dont le modèle exista réellement ; Moi, c'est « M. le philosophe », un personnage « cossu », qui a « du foin dans ses bottes » et de la curiosité pour les marginaux. Entre eux, un lien véritable, le goût de la musique, mais leurs morales s'opposent.

Comment interpréter ces personnages? Il n'est pas impossible que Diderot ait mis de lui-même dans chacun d'eux, car son optimisme humaniste, incarné par Moi, est sans doute ébranlé en 1761, lorsqu'il commence la satire, par les vilenies qu'il a dû subir de la part de ses ennemis — dont il se venge allégrement ici —, et en 1770, quand il reprend ce texte, il est en pleine crise morale. La conversation touche aux sujets les plus variés : les potins mondains et les anecdotes servent à illustrer la controverse sur l'éducation et la morale, tandis que l'on se met d'accord sur les jugements musicaux. Au reste, nulle abstraction dans cet entretien commencé par hasard, terminé brusquement, qui a lieu dans un café bruyant, où l'on a chaud, on boit, on monte sur des chaises, on « pousse le bois »; la conversation est plusieurs fois interrompue par des tableaux animés, quasiment sonores, quand le Neveu mime un joueur de clavecin ou de violon et fredonne des airs d'opéra. Il arrive aussi que le dialogue se fasse récit ou se dédouble; quant au vocabulaire, il est d'une rare verdeur. Bref, tous les ingrédients du réalisme, mais aussi une composition très claire et la forte présence d'un type humain — peut-être inspiré d'Horace —, où Hegel verra l'archétype de « la conscience vile », produit de la société féodale, qui accepte volontairement de se prêter à un jeu dont il n'est pas la dupe, détestant au fond la caricature de l'être libre et créateur qu'il aurait pu être si la fibre ne lui avait pas manqué : son premier refus préfigure sa révolte. « Rira bien qui rira le dernier ? »

Le rêve de d'Alembert (1769). — Dans la trilogie qui comprend l'*Entretien entre d'Alembert et Diderot*, *Le rêve de d'Alembert* et *La suite de l'entretien*, Diderot donne, sous la forme de trois dialogues amusants entre des personnages contemporains (d'Alembert, Mlle de Lespinasse, le médecin Bordeu et lui-même), un exposé cohérent de sa philosophie matérialiste, capable désormais de résister aux objections, et il envisage toutes les conséquences morales de sa théorie de la nature.

Au départ, une évidence : la matière est une, elle est sensible, et l'on passe sans rupture brusque du marbre à la chair; quant à l'esprit, c'est une sorte de clavecin, dont nos sens sont les touches et nos organes les cordes. Le rêve permet ensuite à l'imagination de formuler des hypothèses hardies (« Qui sait... Pourquoi pas... Peut-être... ») et de se déployer en une vision de la nature à l'œuvre au cours de « milliers de siècles », essayant sans cesse de nouvelles combinaisons de molécules : tout est dans un « flux perpétuel ». L'être humain, lui, ressemble à une araignée : du nombre des fils, mais aussi du contrôle exercé sur eux par « l'origine du faisceau » dépend la qualité des individus. Dans ces conditions, il est vain de parler de vice et de vertu, on peut reconnaître tout au plus la bienfaisance ou la malfaisance sociales. Autre conséquence, la morale doit être naturelle : Bordeu justifie l'onanisme et la bestialité, plus conformes à la nature que l'abstinence.

De la physique à la morale : les contes. — En possession d'un système qui satisfait sa raison et son expérience, Diderot n'a pas fini pourtant de s'interroger : car il ne parvient pas à concilier parfaitement ses convictions intellectuelles et d'autres certitudes intimes — que la liberté existe malgré le déterminisme naturel, que l'on peut, dans une certaine mesure, agir sur soi et sur les autres par l'éducation, l'effort, l'exemple. Surtout, il est de plus en plus conscient de l'écart qui sépare la morale que son cœur lui dicte et celle que la société impose. Au moment de marier sa fille Angélique, il est saisi d'une véritable angoisse à l'idée que cet être particulièrement fragile, parce que c'est une femme, parce que c'est sa fille, n'est peut-être pas suffisamment armé pour se défendre dans une société trop dure — mais valait-il mieux, comme le Neveu, faire de son enfant un être vil, trop bien adapté à une société méprisable? Comment assurer le bonheur d'Angélique dans un mariage où la fidélité n'est que l'exception, parce qu'elle n'est pas naturelle? Mais comment se soustraire à l'institution? C'est le dilemme que Diderot ne cesse de retourner dans ces « laboratoires de morale expérimentale » (L. Pérol) que sont les contes qu'il écrit vers 1770-1772. Trop d'exemples montrent que la femme est la victime de l'inconstance masculine — à moins qu'elle ne renverse les rôles *(Ceci n'est pas un conte)*, mais celle qui veut une fidélité héroïque fait le malheur de tous *(Madame de La Carlière)*. C'est qu'au fond, l'exemple de Tahiti le montre, le mariage est une institution absurde et pernicieuse, génératrice de crimes — et indissociable de ces deux sources de guerres que sont la religion et la propriété *(Supplément au voyage de Bougainville*, 1772).

Il arrive donc que la morale de la société contredise la raison et la nature, mais il est difficile en pratique de ne pas respecter les normes sociales — tout le monde ne peut pas être Diogène. Reste la liberté intérieure du sage : Diderot a renoncé à la révolte ouverte contre les valeurs incarnées par le père *(Entretien d'un père avec ses enfants)*, il les reproduit même en établissant sa fille, mais il ne s'identifie pas non plus à elles. Sa nature le conduit plutôt à admirer les grandes actions que la société condamne, mais qui relèvent d'une morale plus haute, celle de ces êtres sublimes que la légalité n'arrête pas et qui suivent leurs sentiments naturels, tels les personnages des *Deux amis de Bourbonne*. Ces êtres-là ne sont plus divisés contre eux-mêmes, ils sont parvenus à cette « unité de caractère » qui caractérise le génie, mais relève plutôt de l'esthétique que de la morale pratique : Diderot, lui, sera « lâche » et « hypocrite » *(Entretien avec la maréchale de ...)*. Et pourtant, il pense être libre — parce qu'il préfère la vérité aux avantages immédiats que la crédulité ou la paresse procurent; parce qu'il peut à sa guise se retirer à l'écart du « grand branle du monde » et regarder sans s'y mêler « la pantomime des gueux »; libre surtout parce qu'il écrit et invente — de cette liberté, il paraît soudain vouloir se griser lorsqu'il imagine son livre le plus moderne, peut-être bien en effet, dans son registre, « l'ouvrage le plus important qui ait paru depuis le *Pantagruel* », un roman-dialogue qui se moque du roman : *Jacques le fataliste et son maître*, commencé vers 1771, achevé sans doute vers 1780.

Jacques le fataliste. — Deux personnages en route on ne sait vers où, venant d'on ne sait où, parlent pour tuer le temps : l'un, le maître, qui s'ennuie facilement, interroge l'autre, le valet, qui parle volontiers. Il parle d'abord de ses amours, mais leur conversation, qui occupe les intervalles paisibles, est sans cesse interrompue par des incidents et des rencontres, comme dans un roman picaresque. Jacques, le valet, semble supérieur à son maître par son aptitude à se tirer d'affaire et sa liberté d'indifférence (le « fatalisme » appris de son capitaine), mais il dépend de son maître autant que son maître de lui.

Là n'est pas l'essentiel. Ce roman n'a rien d'un récit linéaire, c'est un foisonnement d'histoires qui s'enchevêtrent : des récits secondaires assez longs interrompent la narration initiale, selon une formule traditionnelle (histoire de Mme de La Pommeraye, récit du moine Hudson), mais tout le monde parle à la fois, Jacques et son maître, les personnages qu'ils rencontrent et ceux qu'ils ont rencontrés dans le passé; mais aussi l'auteur qui interrompt le récit de Jacques à sa guise et se fait un plaisir d'exaspérer un lecteur impatient, introduit lui aussi dans le dialogue. De cette polyphonie, résulte une impression de fouillis, où la logique habituelle du roman disparaît, la convention est bousculée, les limites du « vrai » et du « faux » cessent d'être distinctes : seul subsiste un « tout » confus, à l'image du monde de la nature, chaos où la raison s'efforce péniblement de mettre de l'ordre en posant des questions qui restent souvent sans réponse, comme celles du roman (le capitaine est-il mort, Denise a-t-elle accordé ses faveurs au maître de Jacques ?), ou dont la réponse est sans cesse différée par des préoccupations plus immédiates. Dans le roman comme dans la nature, le voyageur-lecteur est livré au hasard, exposé à l'invraisemblable, incertain des séquences temporelles — que l'on peut à peine reconstituer à la fin de la lecture. Comment pourrait-il en être autrement, quand tout change et tout passe et qu'il n'y a « que le tout qui reste ».

Le roman est donc cohérent avec la philosophie de Diderot — qui expose d'ailleurs à l'occasion, sous une forme amusante, des idées qui lui sont chères au sujet du mariage (apologue de la gaine et du coutelet) ou des contradictions du déterminisme en morale.

De la morale à la politique. — S'il est possible à l'écrivain de se moquer des lois du roman et de les renverser pour rendre la littérature plus proche de la nature (par une recomposition, non par une imitation), il lui est moins aisé d'ignorer les lois de la société, dont il ne cesse pourtant de s'impatienter de les trouver si contraires à la nature : dans les dernières années, c'est la question politique qui passe au premier plan des préoccupations de Diderot.

Pour transformer les institutions, sans doute fut-il tenté d'abord, comme Voltaire, de faire confiance au despotisme éclairé, d'autant plus qu'il n'avait pas eu à se plaindre de Catherine II; mais s'il accepte la pension, il garde sa liberté. Certes, il n'est pas ingrat : c'est au sujet de Frédéric II qu'il écrit les *Pages contre un tyran* (1771) et c'est en France qu'il s'indigne contre le despotisme lors de la réforme de Maupeou; il accepte même en 1773 de se rendre à Saint-Pétersbourg (en passant par La Haye, mais en évitant soigneusement Berlin), et il y séjourne six mois, rencontrant et conseillant chaque jour l'impératrice, lui parlant « hardiment » de tout, y compris de politique. A son retour pourtant, il est clair qu'il ne se fait aucune illusion : dans ses *Observations sur le Nakaz* (1774), il condamne sans appel tout despotisme, même et surtout s'il est éclairé — car « trois despotes excellents accoutumeraient la nation à l'obéissance aveugle et les peuples oublieraient leurs droits inaliénables ». Il propose donc à Catherine « de lier un bras à son successeur », ce qu'elle se garde bien de faire — pas plus qu'elle ne tint compte du *Plan d'une université* que Diderot lui adressa l'année suivante.

Dans les dernières années, Diderot semble s'apaiser, comme s'il avait trouvé une sorte d'unité. Retiré à la campagne à Sèvres, il s'intéresse vivement aux événements contemporains : l'accession de Louis XVI au trône et tous les espoirs qu'elle permet, les réformes de Turgot, et surtout la révolution américaine qu'il salue dans son *Apostrophe aux Insurgents* (1778). Il recommence à écrire pour le public, même si c'est de façon anonyme : collaborant à l'*Histoire des Deux Indes* de l'abbé Raynal (1), il semble avoir trouvé la tribune que le théâtre ne lui avait pas fournie. Se sent-il devenu le tribun de la plèbe auquel il aurait voulu ressembler sur le portrait de Van Loo? En tout cas, s'il propose à Louis XVI, comme naguère à Catherine, tout un programme de réformes, il s'adresse aussi à la « populace » (indienne) avec les accents d'une éloquence révolutionnaire : « Peuples dont les rugissements ont fait trembler tant de fois vos maîtres, qu'attendez-vous? Pour quels moments réservez-vous vos flambeaux et les pierres qui pavent vos rues? Arrachez-les! »

Cependant, relisant Sénèque, et confronté aux cri-

---

(1) M. Duchet, Diderot et l'Histoire des Deux Indes ou l'écriture fragmentaire, 1978.

tiques (posthumes) de Rousseau, dont les *Confessions* vont être publiées, Diderot pèse les choix qu'il a faits et justifie, dans l'*Essai sur les règnes de Claude et de Néron* (1782), la prudence qui l'a conduit à accepter certains compromis avec le pouvoir, et l'a réduit parfois au silence : c'était l'attitude la plus utile aux autres hommes — et sans doute la seule possible. Que faire dans la situation de Sénèque ? « S'abstenir de penser ? Non, mais de parler et d'écrire. » Diderot, lui, a écrit pour la postérité et, quand il meurt en 1784 dans le bel appartement que Catherine II lui a offert, l'essentiel de son œuvre, soigneusement recopié et classé, peut commencer à vivre.

II. — Jean-Jacques Rousseau (1712-1778)

1. Un homme de lettres peu ordinaire. — *Années de voyage et de formation.* — Jean-Jacques Rousseau naît « citoyen » et protestant dans la République oligarchique de Genève où son père est horloger. Privé de sa mère à la naissance (source d'un sentiment de culpabilité ?), grisé de lectures par son père (de romans surtout et de Plutarque), il reçoit des rudiments scolaires chez un pasteur, ainsi que des mains de Mlle Lambercier la révélation d'une sensualité désormais inséparable du souvenir de ce châtiment. Placé en apprentissage chez un horloger, il s'enfuit en Savoie à l'âge de seize ans, se convertit au catholicisme, marche beaucoup en Suisse et en Piémont avant de se fixer à Chambéry (et aux Charmettes), chez Mme de Warens (« Maman ») où il demeure jusqu'en 1740, essayant divers métiers mais consacrant l'essentiel de son temps à l'étude et parvenant à se donner par ses propres moyens une culture étendue. Il part ensuite pour Lyon, puis Paris, à la recherche d'une gloire qu'il attend de la musique, se lie avec Condillac et Diderot, publie une *Dissertation sur la musique moderne* (1743), et se trouve dans le milieu financier des protecteurs (les Dupin) qui lui procurent une place de secrétaire de l'ambassadeur de Venise. Il est trop fier pour s'en accommoder longtemps : de retour à Paris, il se lie avec Thérèse Levasseur, une servante illettrée dont il a cinq enfants qu'il abandonne « gaillardement » — ce qu'il ne cessera de se reprocher par la suite. Il est caissier chez les Dupin et fait des opéras lorsqu'une « misérable question d'académie » (« si le rétablissement des sciences et des arts a contribué à épurer les mœurs ») provoque en lui la célèbre « illumination de Vincennes » : « Je vis un autre univers et je devins un autre homme. »

Le « Discours sur les sciences et les arts », et la « réforme » de Jean-Jacques. — A partir de la « prosopopée de Fabricius », conçue dans l'enthousiasme, Rousseau construit le paradoxal *Discours sur les sciences et les arts*, qui obtint le prix de l'académie de Dijon et fut publié : ouvrage « tout au plus médiocre », mais « plein de chaleur et de force », qui séduisit sans doute par son éloquence plus qu'il ne convainquit, car en soutenant que les arts ont corrompu les mœurs, Rousseau était complètement à contre-courant en cette année 1750 qui voyait aussi paraître le *Prospectus* de l'*Encyclopédie*. Le fait que Diderot lui-même ait encouragé Rousseau invite à ne voir au départ qu'un aimable paradoxe dans cette reprise d'un thème classique du discours chrétien, rajeuni par quelques souvenirs de Plutarque. Mais le succès inattendu décida de la suite de la vie de Rousseau, en le révélant véritablement à lui-même à mesure qu'il est obligé de préciser sa pensée pour répondre à ses nombreux contradicteurs — dont le roi de Pologne — et surtout en provoquant sa « réforme » de 1751.

Comme s'il s'était convaincu lui-même qu'il était en effet un barbare (« Barbarus hic ego sum »), et malgré le succès de son opéra, *Le devin de village*, très applaudi à la Cour, Rousseau choisit de renoncer à tout luxe, décline l'offre d'une pension, et abandonne sa place de caissier, préférant suffire à ses modestes besoins en copiant de la musique. Refusant de considérer la littérature comme un métier (« écrire pour avoir du pain eût bientôt étouffé mon génie »), il se distingue de tous ses confrères, que sa décision met en accusation. Pourtant, il continue de fréquenter le milieu littéraire, fait jouer une comédie (*Narcisse*, 1752), participe à la querelle des Bouffons aux côtés de Diderot (*Lettre sur la musique française*, 1753), écrit des articles de musique pour l'*Encyclopédie* (ainsi que l'article « Economie politique » en 1755). Mais il fortifie ses convictions et précise sa pensée au cours de longues promenades solitaires dans la forêt : un nouveau concours de l'académie de Dijon l'entraîne à écrire un second discours — mais cette fois on le prend trop au sérieux pour lui donner le prix.

Le second discours. — Dans le *Discours sur l'origine et les fondements de l'inégalité* (1755), Rousseau se demande d'où vient le mal, omniprésent dans l'histoire de l'humanité, alors pourtant que chacun de nous peut constater, comme Jean-Jacques, qu'il éprouve au fond de lui-même de bons sentiments. Comparant l'homme moderne à la statue de Glaucus, si défigurée par les intempéries « qu'elle ressemblait moins à un dieu qu'à une bête féroce », Rousseau en est réduit à des conjectures et imagine ce qu'a pu être l'homme, à l'origine, dans « cet état qui n'existe plus, qui n'a peut-être point existé, et dont il est pourtant nécessaire d'avoir des notions justes pour bien juger de notre état présent ». Nul dogmatisme donc dans le schéma qu'il propose, mais une reconstitution hypothétique, un effort « archéologique » visant à étaler dans le temps les couches superposées que chacun sent en lui.

Il suppose donc les hommes à l'état de nature, doués d'amour de soi et de pitié, mais aussi (pour leur malheur ?) de perfectibilité, vivant d'abord solitaires et indépendants, se groupant ensuite pour des raisons pratiques, développant l'agriculture et la métallurgie qui les rendent bientôt dépendants les uns des autres et prenant conscience de leur inégalité (naturelle) : dès lors, ils se comparent, sacrifient à l'amour-propre, veulent paraître avant que d'être. Au terme de ce processus, la propriété dont découlent toutes sortes de guerres, auxquelles peut seule mettre fin l'institution d'une « société civile » qui consacre l'état de fait et légalise des inégalités dont Rousseau s'indigne, refusant d'admettre « qu'une poignée de gens regorge de superfluités, tandis que la multitude affamée manque du nécessaire ».

Il n'est pas question pour Rousseau de nous faire revenir à l'état de nature, même si le tableau de la vie primitive que son imagination et son éloquence lui ont inspiré, combiné avec sa légende, peut inviter à des raccourcis comme celui de Voltaire (« il prend envie de marcher à quatre pattes quand on lit votre ouvrage »). Mais il en tire pour lui-même des conséquences décisives : il part pour Genève — à qui le discours est dédié — reprendre son titre de citoyen et sa religion puis, rentré en France, choisit de quitter Paris pour vivre dans la nature à l'Ermitage.

2. Retraite et évasion. — *La querelle avec les philosophes.* — La période qui suit sera la plus féconde de la vie de Rousseau. En possession de ses principes, il s'efforce d'en développer toutes les conséquences, au prix d'un travail épuisant, mais exaltant. Ce ne sont pourtant pas des années faciles : la maladie qui l'affecte depuis longtemps s'est aggravée, et le bonheur que lui procure la présence de la nature ne l'empêche pas de souffrir de la solitude, surtout après que la brouille avec les philosophes l'eut obligé de quitter l'Ermitage pour Montmorency. Rousseau ne cesse de heurter Voltaire et les encyclopédistes : au *Poème sur le désastre de Lisbonne*, il oppose dans la *Lettre sur la Providence* sa conviction intime qu'il existe une Providence bienfaisante : « Je la sens, je la crois, je la veux, je l'espère » — et, ce qui est plus grave, il pose le problème en termes sociaux : « Vous jouissez, moi j'espère. » L'année suivante, il se brouille avec Diderot à cause d'une phrase du *Fils naturel* qu'il a prise pour lui (« Il n'y a que le méchant qui soit seul »). Mais la véritable rupture est provoquée en 1758 par la *Lettre à d'Alembert sur les spectacles* : en réponse à l'article « Genève » de l'*Encyclopédie*, où d'Alembert (porte-parole de Voltaire) déplorait l'absence d'un théâtre dans la cité de Calvin, Rousseau dénonce les dangers d'un art qui n'est que le miroir d'une société qu'il ne saurait prétendre améliorer, qui fait rire d'Alceste, qui pare l'amour de toutes les séductions. Les seuls spectacles qui conviennent à une république, ce sont les simples fêtes que le peuple se donne à lui-même, auxquelles tous participent, qui réveillent le patriotisme et provoquent un « attendrissement général ».

Certes, Voltaire et Diderot sont l'un et l'autre passionnés de théâtre, mais ce qu'ils ne peuvent pardonner à Rousseau, c'est le moment choisi pour faire publiquement sécession, alors que l'*Encyclopédie* est soumise à de vives attaques du parti catholique. Ce sera désormais une lutte implacable où, complot ou non, les philosophes, Voltaire en tête, ne ménageront pas le renégat. Les thèses religieuses d'*Emile* approfondissent le fossé avec Diderot, cependant que le triomphe de *La Nouvelle Héloïse* dans le public aristocratique et féminin fait douter de la sincérité de son auteur (2).

La Nouvelle Héloïse. — Le sévère censeur des mœurs s'était fait « berger extravagant » : dans la solitude de Montmorency, parvenu au seuil de la vieillesse et dévoré d'un besoin d'aimer que la réalité ne lui permettait pas de satisfaire, il s'était inventé « des créatures selon son cœur », deux femmes dont il pût être l'amant et l'ami et à qui il avait commencé d'écrire « quelques lettres éparses » quand une visite de Mme d'Houdetot à l'Ermitage fit soudain interférer le roman et la réalité. Désormais, c'est à elle que Jean-Jacques écrit les lettres de l'amant de Julie, cependant que la présence de Saint-Lambert, l'amant officiel de Sophie, donne naissance au personnage de Wolmar (« le ménage à trois » correspondant, semble-t-il, à l'une des constantes de l'imaginaire amoureux de Rousseau). Quoi qu'il en soit de l'anecdote, l'exaltation sentimentale et l'effervescence intellectuelle de ces années 1756-1758 firent écrire à Jean-Jacques « le plus beau roman du XVIIIe siècle » (H. Coulet).

C'est d'abord un roman d'amour, passionné et sensuel, en un temps où le libertinage se satisfait du « goût ». Julie d'Etanges, nouvelle Héloïse, aime son précepteur Saint-Preux qui lui écrit des lettres passionnées (point de départ du processus de la création romanesque) et se laisse séduire par lui. Mais l'ordre social n'admettant pas leur mariage, Saint-Preux s'éloigne, pour Paris d'abord puis, lorsque Julie accepte d'épouser M. de Wolmar et décide de lui être

---

(2) Cf. C. Labrosse, Lire au XVIIIe siècle : la Nouvelle Héloïse et ses lecteurs, Lyon, 1985.

fidèle, ayant eu au temple une sorte d'illumination religieuse, pour un voyage autour du monde. Le temps a passé. Julie vit désormais avec ses deux enfants et son mari dans la société idéale de Clarens, dont elle est le centre spirituel. M. de Wolmar, qui n'ignore pas le passé, mais fait confiance à Julie, invite Saint-Preux à demeurer avec eux : il est manifeste cependant que les sentiments d'autrefois demeurent, principe anarchique dans ce bonheur social, et le « grand air » de la promenade sur le lac en apporte la confirmation. Seule issue, la mort (accidentelle ou voulue) de Julie.

Roman de l'amour tragique, *La Nouvelle Héloïse* est aussi un « roman-somme » (J. Fabre) où Rousseau a mis ses sentiments et ses idées. Pour se défendre de l'accusation de frivolité, il faisait valoir que le roman pouvait être une morale en action, conformément à sa théorie de la contagion morale : de même que la fascination de Julie rend meilleurs les autres personnages du roman, de même cette contagion devrait « conduire insensiblement » le lecteur à la vertu. Ce processus exige durée de l'action romanesque et longueur du roman : deux ensembles de trois parties séparés par un intervalle de six ans.

De façon plus explicite, la formule du roman par lettres permet à Rousseau de donner son avis sur un certain nombre de questions philosophiques, pédagogiques, religieuses, économiques, sans que ces « dissertations » paraissent trop artificielles, venant du précepteur ou de la « jolie prêcheuse ». Rousseau se sert d'ailleurs très habilement de cette technique du roman par lettres, empruntée à *Clarisse Harlowe* de Richardson. Il sait varier les tons selon les personnages (peu nombreux) et parfois selon les destinataires, varier les points de vue sur un même événement, faire servir certaines lettres à l'action, ménager des silences et des incertitudes qui laissent une part de mystère. D'une partie à l'autre, la répartition des lettres reflète l'évolution de la situation : dans la première partie, deux voix seulement, celles de Julie et de Saint-Preux; par la suite, la société qui s'interpose se manifeste par des lettres de tiers de plus en plus nombreuses; et à Clarens, Julie n'écrit presque plus tandis que tous les autres ne cessent de parler d'elle. Rousseau est parvenu à une composition de type musical, où la variété des thèmes n'exclut pas une profonde unité « symphonique », expression du moi multiple d'un auteur, le premier qui ait mis autant de lui-même dans un roman.

3. Une pensée cohérente. — La présence subjective de l'auteur est manifeste également dans les œuvres théoriques qu'il compose en même temps que son roman. Lorsqu'il s'était retiré à l'Ermitage, Rousseau avait eu le projet d'écrire trois livres systématiques : un traité de « morale sensitive », dont *La Nouvelle Héloïse* est une application pratique; un traité d'éducation qui deviendra *Emile* ; des *Institutions politiques* qui se réduiront au *Contrat social*. Ces deux derniers ouvrages paraissent en 1762.

Emile. — Rousseau s'est intéressé à la pédagogie dès son préceptorat de 1740 à Lyon, et il ne cesse de témoigner aux enfants une sympathie attentive, avivée sans doute par le regret — plus encore que par le remords — qu'il ressent parfois, dans sa vieillesse solitaire, d'avoir abandonné autrefois ceux que la nature lui avait donnés. A mesure que le monde s'assombrit pour lui, l'enfance devient aussi le temps de l'innocence perdue, quand les masques n'existaient pas encore. Mais son souci pédagogique est indissociable de l'ensemble de sa philosophie, et l'*Emile* est d'abord une sorte d'expérience, analogue à celle de la statue de Condillac : l'homme naturel, défiguré en chacun de nous, et que Rousseau a cherché naguère dans un passé hypothétique, il doit être possible, si la thèse est exacte, de le manifester à nouveau, à condition de le préserver dans sa jeunesse des modifications que la société commence d'opérer très tôt. Dans son roman éducatif, il imagine donc un enfant qui serait protégé de tout contact, livré à un précepteur idéal qui le guiderait de sa naissance à l'âge adulte et ferait de lui — ou laisserait se faire en lui — un homme naturel.

Pour cela, il importe avant tout de ne rien brusquer, de savoir perdre du temps pour en gagner, de laisser l'enfant jouir de « ces premiers ans si rapides, qui ne reviendront pas plus pour lui qu'ils ne peuvent revenir pour vous ». L'éducation est purement « négative » à l'âge des sensations physiques, dont Rousseau souligne l'importance, et au temps de la raison sensitive (jusqu'à douze ans), qui permet à l'enfant de faire ses premières expériences tout en fortifiant son corps afin de devenir « un bel animal ». Plus tard, on joue de sa curiosité pour développer sa raison au contact des choses, dont l'enfant tire lui-même la leçon, et on lui enseigne un métier manuel. Après la puberté, quand l'adolescent sera parvenu à l'âge du cœur, on pourra s'adresser à son affectivité, le préparer à la société par l'histoire et la littérature, avant de lui parler enfin de religion quand il aura dix-huit ans. Le livre se termine par le mariage avec Sophie, qui a reçu, elle, une éducation toute différente, la préparant non à user de sa raison, mais à se soumettre, car les femmes « doivent recevoir la décision des pères et des maris comme celle de l'Eglise ».

Quant à Emile, c'est un sage, libre de préjugés, capable de renoncer aux vaines richesses et de ne pas se laisser abattre par les coups du sort, comme Rousseau le vérifie dans la suite qu'il avait ébauchée, où l'on voyait Emile trahi par Sophie, ruiné, prisonnier à Alger, organiser finalement une révolte d'esclaves. Est-ce la réponse à la question inévitable qu'appelle cette éducation irréelle : que deviendra en société ce sage solitaire ? Car s'il est passé naturellement, au temps de l'adolescence de l'amour de soi à la « pitié » pour le prochain, par une sorte d' « expansion », comment ne se heurterait-il pas, comme Rousseau lui-même, à une société si peu faite pour l'homme de la nature ? Pour changer vraiment les hommes, ne faut-il pas commencer par changer la société ? *Emile* est complémentaire du *Contrat social*.

Si le jeune Emile n'a reçu dans son enfance aucune éducation religieuse, la religion tient une grande place au quatrième livre ; dans la *Profession de foi du vicaire savoyard*, Rousseau rejette et le matérialisme de certains encyclopédistes et les faux mystères des religions révélées : sa raison le convainc de l'existence de Dieu, même si elle ne lui permet pas de le concevoir — il repousse l'objection du mal qu'il attribue à la liberté humaine, tandis que son cœur proclame l'immortalité de l'âme, nécessaire à la consolation des justes opprimés. Ce Dieu du sentiment intérieur est promis à un bel avenir, mais pour l'heure les autorités retiennent surtout de ce texte la critique des livres saints et des miracles qui justifie la proscription de l'auteur de l'*Emile*.

Le Contrat social. — Tout en travaillant à l'*Emile*, Rousseau, renonçant aux *Institutions politiques*, en extrait le « petit traité » *Du contrat social*. « L'homme est né libre et partout il est dans les fers. Comment ce changement s'est-il fait ? Je l'ignore. Qu'est-ce qui peut le rendre légitime ? Je crois pouvoir répondre à cette question. » Les choses sont claires : Rousseau ne se soucie pas de droit positif, comme Montesquieu, mais des principes du droit, non de science mais de morale politique, non de faits mais de valeurs. Ce n'est qu'après avoir exposé les conditions universelles de la légitimité que Rousseau décrit les régimes existants puis analyse l'Etat romain.

A la base de l'organisation sociale, il faut supposer un contrat, au moins implicite, par lequel chacun obtient de la collectivité la garantie de sa personne et de ses biens en échange de l'abandon de sa liberté naturelle; mais il ne perd pas au change, puisqu'il reçoit en contrepartie la « liberté civile », définie comme participation au « souverain » et à l'élaboration de la « volonté générale ». Chacun devient à la fois sujet et citoyen puisqu'il doit obéir à une volonté générale qu'il a contribué à faire.

Mais que se passera-t-il si une volonté particulière entre en conflit avec la volonté générale ? Pour que le système fonctionne harmonieusement, il faut que les volontés particulières s'effacent — Rousseau condamne tout système de partis — et que les citoyens soient vertueux, sinon la Terreur paraît inévitable. D'où l'importance de l'éducation civique, qui apprend aux enfants à tout sacrifier à l'amour de la patrie, comme à Sparte : si Emile ne reçoit pas d'éducation patriotique, c'est qu'une monarchie moderne n'est pas une patrie. Rousseau accorde en outre à l'Etat de grands pouvoirs sur les consciences, y compris celui d'instituer une religion civile : car politique et morale sont indissociables, la vertu des citoyens est indispensable à la conservation de la cité, mais c'est le bon gouvernement qui fait les peuples vertueux. C'est dire qu'à l'origine il a fallu l'intervention d'un législateur (Lycurgue à Sparte) pour « instituer » le peuple; par la suite, l'idéal sera de « conserver » ce qui existe malgré les risques de dégénérescence — car « le corps politique aussi bien que le corps de l'homme commence à mourir dès sa naissance ».

C'est donc dans le passé qu'il faut chercher le régime idéal, et Rousseau le trouve dans la cité antique, où le souverain était une réalité concrète, celle de l'assemblée du peuple qui faisait les lois et élisait des magistrats obligés de rendre des comptes — la République de Genève offrant un équivalent moderne exceptionnel de Sparte ou de Rome. Rousseau semble d'ailleurs préférer le régime aristocratique (électif) à la démocratie dont Athènes offre le modèle décrié (« s'il y avait un peuple de dieux, il se gouvernerait démocratiquement. Un gouvernement si parfait ne convient pas à des hommes »). Cependant, une certaine égalité (dans la frugalité) lui paraît nécessaire à l'harmonie sociale. Quant aux monarchies héréditaires, sans doute inévitables dans les grands Etats, elles ne sont pas légitimes puisqu'elles reposent sur un « contrat de sujétion » que Rousseau ne reconnaît pas : « A l'instant qu'il y a un maître, il n'y a plus de souverain, et dès lors tout le corps politique est détruit. » Il n'en conclut pas qu'il faille tout changer, non seulement par une élémentaire prudence, mais aussi parce qu'il est enfermé dans une vision du monde (due à son milieu social d'origine ?) où le changement est forcément un déclin : si sa pensée était révolutionnaire, lui-même ne l'était pas (Groethuysen).

Pourtant il parut suffisamment dangereux en 1762 pour que le Parlement de Paris fît brûler l'*Emile* et ordonnât d'arrêter son auteur : Rousseau dut fuir précipitamment pour la Suisse. C'était le début d'une longue errance à travers l'Europe.

4. Le retour vers soi. — *Les Confessions.* — Chassé de Berne, condamné à Genève, Rousseau trouve refuge quelque temps à Môtiers sur une terre du roi de Prusse. Il y écrit de longues lettres pour défendre sa religion face à ses adversaires catholiques *(Lettre à Christophe de Beaumont)* et genevois (*Lettres écrites de la montagne*, 1764). Mais Voltaire porte l'attaque sur le terrain personnel en révélant au public, dans *Le sentiment des citoyens*, l'abandon des enfants. Rousseau, accusé, isolé, persécuté, se sent obligé de se justifier et reprend le projet déjà ancien d'écrire des mémoires de sa vie (1) qui seront une réponse à ses ennemis. Mais il est obligé de quitter son asile après la « lapidation », passe encore quelques semaines heureuses à l'île Saint-Pierre (septembre 1765), puis doit s'exiler en Angleterre où l'invite David Hume, se retire à Wooton pour composer dans une relative sérénité les premiers livres de ses souvenirs, rentre secrètement en France, achève au château de Trye la première partie des *Confessions*, s'occupe de botanique et de musique (*Dictionnaire de musique*, 1767), s'enfuit encore, rédige dans l'angoisse la seconde partie des *Confessions* (1769) avant de se fixer enfin à Paris, rue Plâtrière. Il fait quelques lectures dans les salons, mais la police les fait interrompre à la demande de Mme d'Epinay : Rousseau comprend que ses ennemis veillent et que le plaidoyer ne sera pas entendu (2).

---

(1) Il avait écrit quatre lettres autobiographiques à Malesherbes en 1762.
(2) Les *Confessions* ne seront publiées qu'en 1782 (première partie) et 1789 (seconde partie).

Le plaideur n'avait pourtant pas ménagé sa peine pour établir son innocence aux yeux des hommes et devant le « souverain juge », c'est-à-dire d'abord devant sa propre conscience. L'affirmation hautaine de l'innocence résulte d'un examen sincère des fautes passées, l'abandon des enfants qui est notoire, mais aussi la calomnie contre la servante qu'il est seul à connaître : son repentir et la sincérité de sa confession prouvent qu'il est resté bon malgré de tels actes.

Mais l'autobiographie ne se réduit pas à l'examen de conscience du protestant : Rousseau ne cherche pas seulement à se justifier, il veut aussi se comprendre, et pour cela il n'hésite pas à explorer le psychisme *intus et in cute*, à la limite de l'inconscient. Certain d'être unique, mais convaincu que son cas peut intéresser les autres hommes, il s'efforce d'être aussi exact que possible, renonçant parfois à proposer lui-même l'explication qui se dérobe pour nous livrer les faits bruts. Sa recherche du sens bute en effet sur des contradictions : si Rousseau est indivisible, si sa personnalité se reflète parfaitement dans ses œuvres les plus théoriques, s'il a su mettre sa vie en conformité avec ses discours, cette vie a pourtant été sinueuse, le hasard y a joué un rôle capital en certaines occasions, elle n'a pas été exempte de facilités ou de lâchetés; écrire sa vie, c'est d'abord l'interpréter, la rendre à la ligne droite : entreprise littéraire autant que morale.

Ce faisant, l'auteur des *Confessions* traite son héros comme un personnage de roman, il lui donne un destin où certains événements, interprétés à la lumière de ce qui a suivi, acquièrent une signification redoutable (« De ce moment datent tous les malheurs de ma vie »). Progressant ainsi comme une tragédie, l'autobiographie fait aussi penser au roman picaresque (les aventures de jeunesse narrées avec humour), à un roman d'amour (l'épisode de Mme d'Houdetot, les amours extraordinaires de Petit et de Maman). Rousseau a surtout découvert une forme de poésie nouvelle, celle des souvenirs évoqués pour le seul plaisir de les revivre dans de très belles pages qui annoncent celles des *Rêveries*. Au total, il a fondé un genre inédit, celui des mémoires intimes, très différent des *Essais* de Montaigne, malgré certaines affinités, et promis à une longue postérité.

Les dernières années. — Retiré dans son galetas de la rue Plâtrière, Rousseau n'est pas oublié : on le consulte sur une constitution polonaise pour laquelle il écrit des *Considérations* (1771) fort réalistes, des admirateurs lui rendent visite, dont certains, comme Bernardin de Saint-Pierre, deviennent des amis. Pourtant, il continue de se sentir persécuté par « ces messieurs » du complot et s'efforce une dernière fois de se justifier dans les *Dialogues, Rousseau juge de Jean-Jacques*, qui sont d'une lecture très intéressante pour comprendre leur auteur, et dont il essaie de déposer le manuscrit à Notre-Dame (1776) : en vain, la grille du chœur était fermée. Puisque Dieu ne veut pas l'entendre, c'est qu'il a voulu faire de Jean-Jacques un nouveau Christ : désormais « seul sur la terre », il accepte son sort et passe ses dernières années dans une sorte de paix, herborisant aux environs de Paris et se livrant aux charmes de la rêverie. Il n'a « plus que des sensations », goûte cet état intermédiaire où les contours de la perception s'estompent, où l'esprit se confond avec l'univers et où demeure seul le sentiment d'exister. Dans son dernier livre, *Les rêveries du promeneur solitaire*, « journal informe de mes rêveries », mais écrit dans un style parfaitement maîtrisé, Rousseau s'abandonne aux souvenirs qui se mêlent aux menus événements de la promenade, il a renoncé à prouver, même si le passé le fait encore quelquefois souffrir : toutes ses facultés d'analyse sont tournées vers l'intérieur et l'éloquence est devenue musique (en particulier dans la très belle cinquième promenade).

Les rêveries resteront inachevées : deux mois après avoir quitté Paris, Rousseau meurt à Ermenonville (juillet 1778).

Chapitre IV

LA GÉNÉRATION PRÉRÉVOLUTIONNAIRE

La dernière génération du XVIIIe siècle, un peu dédaignée entre l'apogée philosophique et les sommets romantiques, souffre aussi de la comparaison internationale, en particulier avec l'Allemagne de Gœthe, Kant, Herder, Schiller. Le parfum de scandale qui s'attache à certains auteurs l'a également desservie, avant de trop bien la servir. Pourtant cet âge n'est pas qu'une pâle répétition ou une timide préfiguration — mais la durée lui a manqué, l'histoire ayant fait une irruption brutale dans l'histoire littéraire en 1789. C'est dès 1770 cependant qu'étaient apparus un certain nombre de thèmes et de tendances « préromantiques » (A. Monglond) ou prérévolutionnaires, que l'on pourrait rapprocher de ceux qui caractérisent l'Allemagne contemporaine du « Sturm und Drang ». Cette génération combine l'impatience et la révolte de la jeunesse à une sorte de mélancolie « fin de siècle ». Nourrie de philosophie, de vertu et de sensibilité, elle remet en question le compromis accepté par les encyclopédistes et critique violemment l'ordre social existant, ainsi que ses valeurs morales et littéraires : à Voltaire, monument officiel, on préfère nettement Diderot et (surtout) Rousseau, le marginal, le persécuté; à la tradition française, à ses règles et à son « goût », on veut substituer les exemples étrangers. En un mot, cette génération se reconnaît dans une série de refus, qu'elle eût peut-être dépassés ensuite dans un véritable (néo)-classicisme français, si la Révolution n'avait tout bouleversé.

I. — Vers la Révolution

1. La contestation politique et sociale. — Diderot notait dans l'*Histoire des Deux Indes* que, après le temps de l'érudition, de la géométrie, de la physique et de l'histoire naturelle, on était arrivé à l'âge de la politique : « Le goût de l'histoire naturelle est sur son déclin, nous sommes tout entiers aux questions de gouvernement, de législation, de morale et de commerce. » De fait, tandis que la polémique religieuse se fait plus violente, la critique politique devient plus radicale. C'est devenu un lieu commun de vitupérer le fanatisme, les moines, l'Inquisition, et l'Eglise ne peut guère s'opposer à l'édit de tolérance adopté enfin en 1787. Mais on publie désormais les écrits clandestins du début du siècle et plusieurs auteurs se disent ouvertement athées : Sylvain Maréchal dans le *Lucrèce français* (1781) ou J.-L. Carra dans *Le système de la raison ou le prophète philosophe* (1782).

Surtout, à la suite de Rousseau, on remet en cause les fondements de l'Etat (1). Mably (1709-1785) tire de l'étude des démocraties antiques une critique de l'absolutisme : les citoyens doivent être libres et égaux et pouvoir contrôler les actes de l'exécutif grâce à la convocation d'Etats généraux; le droit à la révolte leur est reconnu. Le « républicain » Mably eut une grande influence sur beaucoup d'acteurs de la Révolution, même si son ouvrage le plus explicite, *Les droits et les devoirs des citoyens*, ne fut publié qu'en 1789 (2).

D'autres auteurs sont plus violents : Marat écrit en Angleterre *Les chaînes de l'esclavage* (1774), Linguet lance des *Mémoires sur la Bastille* (1783), Anacharsis Cloots appelle à la Révolution dans les *Vœux d'un gallophile* (1786).

La réflexion politique tire profit de l'exemple américain (3) qui appelle aussi l'attention sur les questions coloniales : l'*Histoire des Deux Indes*, de Raynal (et Diderot), est rééditée avec grand succès en 1780; l'esclavage des Noirs fait d'autant plus scandale qu'il est l'image grossie de l' « esclavage » de tout un peuple : Condorcet plaide pour l'abolition (malgré les difficultés pratiques) dans ses *Réflexions sur l'esclavage des nègres* (1781) et fonde avec Brissot la Société des Amis des Noirs (1788). Mais il arrive que la critique sociale se fasse

---

(1) Cf. R. Barny, Prélude idéologique à la Révolution française : le rousseauisme avant 1789, 1985.
(2) Il avait cependant exposé assez clairement ses idées dans les Observations sur l'histoire de France (1765) et dans les Principes de lois (1776). Cf. T. Schleich, Aufklärung und Revolution : die Wirkungsgeschichte Mablys in Frankreich, Stuttgart, 1981.
(3) Cf. Condorcet, L'influence de la révolution d'Amérique, 1786 ; Mably, Observations sur le gouvernement et les lois des Etats-Unis, 1784 ; Crèvecœur, Lettres d'un cultivateur américain, 1784 ; Chastellux, Voyages dans l'Amérique septentrionale, 1786.

plus générale et n'épargne pas la répartition des richesses : Brissot critique la propriété et Marat prend la défense du voleur pauvre dans le *Plan de législation criminelle* (1787).

Cependant, plus que dans ces ouvrages extrêmes, l'esprit public se reflète dans les comédies à succès de Beaumarchais.

2. Beaumarchais (1732-1799). — *Un aventurier*. —

L'œuvre de Beaumarchais ne peut certes se réduire à une critique politique, mais celle-ci, exprimée avec beaucoup de verve, a fait une grande part de son succès. Le personnage lui-même n'est pas de tout repos : fils d'un horloger parisien, il a fait rapidement carrière à la Cour et à la ville grâce à sa séduction et à son esprit d'initiative : professeur de harpe des filles de Louis XV, associé du financier Pâris-Duverney, secrétaire du roi (anobli), lieutenant général des chasses, il est aussi banquier à Madrid, agent secret à Londres, il gagne des procès, fournit des armes aux Insurgents, fonde un syndicat d'auteurs dramatiques, publie les œuvres de Voltaire (édition de Kehl), approvisionne Paris en eau — et bien sûr fait fortune, non sans avoir eu maille à partir avec plusieurs représentants de cet Ancien Régime qui ne le traite pourtant pas trop mal : il a mesuré la corruption de certains juges dans l'affaire Goezman, où son talent de polémiste a mis l'opinion de son côté; il a goûté de la prison après une rivalité amoureuse avec le duc de Chaulnes.

Des parades au « Barbier ». — Avec tout cela, il trouve le temps d'écrire pour le théâtre : des « parades » d'abord, sorte de farces pour théâtres de société où il excelle à enchaîner des dialogues rapides et des répliques lestes sur des sujets assez conventionnels traités dans un style canaille et permettant la satire (*Jean-Bête à la foire*, vers 1765). Mais Beaumarchais se veut aussi le disciple de Diderot, dont il adopte les principes avec enthousiasme dans son *Essai sur le genre dramatique sérieux* : lui qui fait rire sans effort veut aussi attendrir et toucher en écrivant des drames, mais ni *Eugénie* (1767) ni les *Deux amis* (1770) ne lui apportent le succès. En revanche, il obtient un triomphe quand il revient à la comédie en 1775, avec *Le barbier de Séville*.

Cette pièce, née d'une idée d'opéra-comique, interdite puis autorisée, échoua en cinq actes, fut récrite en deux jours et quatre actes et connut aussitôt « un succès extravagant ». Non que son sujet — un barbon jaloux, un jeune amant, une pupille innocente et rouée, un valet ingénieux — fût original, mais Beaumarchais a su « rajeunir » le thème de « la précaution inutile » et « ramener au théâtre l'ancienne et franche gaîté, en l'alliant avec le ton léger, fin et délicat de notre plaisanterie actuelle », comme il l'écrit lui-même. Les dialogues sont vifs, les formules brillantes ; Figaro, entreprenant, intelligent, chirurgien, homme de lettres, est « le dieu tutélaire » de son maître, conformément à la tradition, mais son insolence prend parfois une portée générale. (« Un grand nous fait assez de bien quand il ne nous fait pas de mal » ; « Aux vertus qu'on exige d'un domestique, Votre Excellence connaît-elle beaucoup de maîtres qui fussent dignes d'être valets ? »)

Le mariage de Figaro. — La critique sociale est plus vive dans *Le mariage de Figaro*, conçu comme une suite du *Barbier*, où l'on peut voir « une lutte assez vive entre l'abus de la puissance et le feu, l'esprit, les ressources que l'infériorité piquée au jeu peut opposer à cette attaque » (Préface). Il fallut que la Cour fît violence à Louis XVI pour qu'il laissât jouer la pièce en 1784, après de longues tergiversations, et non sans avoir mis l'auteur en prison quelques jours. C'est que, par son sujet comme par certaines tirades, elle était particulièrement subversive.

Le jeune amant du *Barbier*, ayant épousé sa belle, est devenu un seigneur libertin — mais jaloux — et veut exercer un vieux droit féodal aux dépens de son valet sur le point de se marier, lequel prétend défendre son honneur. La comtesse et Suzanne — victimes elles aussi, mais non désarmées —, Figaro plus ingénieux que jamais et le comte Almaviva poursuivent des intrigues distinctes, dont l'entrecroisement crée des situations inattendues et pleines de drôlerie. Au terme de cette « folle journée » Figaro a sauvé son honneur et tout finit par des chansons.

Mais beaucoup plus nettement que dans *Le Barbier*, Figaro est ici le porte-parole d'une critique sociale et politique multiforme : la justice est ridiculisée (III, 15), la censure vivement dénoncée (V, 3), comme le régime de l'arbitraire. Certes, cela n'est pas original : mais si Beaumarchais « dit ce que tout le monde dit, il le dit mieux » (B. Didier). La pièce nous entraîne d'ailleurs dans un tourbillon où les personnages existent moins que le style, et où l'allégresse du rythme faisait peut-être oublier le contenu du message à ces nobles qui applaudissaient si volontiers. Pourtant, on voit apparaître au cinquième acte un Figaro devenu grave, et qui n'est pas loin de dénoncer clairement une société injuste : « Non Monsieur le Comte, vous ne l'aurez pas... vous ne l'aurez pas... Parce que vous êtes un grand seigneur, vous vous croyez un grand génie!... Noblesse, fortune, un rang, des places : tout cela rend si fier! Qu'avez-vous fait pour tant de biens? Vous vous êtes donné la peine de naître, et rien de plus; du reste homme assez ordinaire! Tandis que moi, morbleu! perdu dans la foule obscure, il m'a fallu déployer plus de science et de calculs, pour subsister seulement, qu'on en a mis depuis cent ans à gouverner toutes les Espagnes... »

Ce Figaro-là, c'est un peu Caron de Beaumarchais : impatient de la fatuité de certains grands seigneurs imbéciles, mais non pas révolutionnaire, il tire-parti des possibilités que la société d'Ancien Régime offre aux gens de talent pas trop scrupuleux. La Révolution lui sera moins propice : trop riche pour n'être pas suspect, Beaumarchais doit émigrer après l'affaire des fusils, et ne rentre en France que sous le Directoire. Quant à sa carrière d'auteur dramatique, elle ne survécut pas à la monarchie : après un livret d'opéra (*Tarare*, 1787), il revient au drame pour donner une suite morose et vertueuse au *Mariage*, *La mère coupable* (1791), qui permet de mesurer le changement d'humeur intervenu en quelques années.

II. — Deux réalistes : Restif et Mercier

Contester la société d'Ancien Régime, c'est aussi découvrir l'existence du petit peuple, comme le font, chacun à sa manière, Mercier et Restif de La Bretonne.

1. **Mercier, « le plus grand livrier de France ».** — Chez Louis-Sébastien Mercier (1740-1814), la critique politique et sociale est indissociable de la contestation littéraire. Cet auteur abondant, diffus, inégal, fut célèbre en son temps à l'égal de Restif et particulièrement apprécié en Allemagne. Disciple de Rousseau en politique et de Diderot en art, conscient que l'écrivain a une mission sociale à remplir (*Le bonheur des gens de lettres*, 1763 ; *De la littérature et des littérateurs*, 1778), il aborde des genres divers : romancier dans *L'homme sauvage* (1767), il est surtout théoricien du théâtre dans le *Nouvel essai sur l'art dramatique* (1773) et le *Nouvel examen de la tragédie française* (1778), où il se déclare adversaire résolu de la tradition incarnée par les comédiens-français et dénonce l'effet stérilisant qu'ont eu sur la poésie française l'influence de Boileau et l' « imbécile adoration » de Racine. S'adressant aux « jeunes écrivains », il leur recommande d'être « libres et audacieux » et de ne pas s'embarrasser de règles.

Mercier est aussi un praticien du théâtre, même s'il a d'abord quelque peine à se faire jouer à Paris : il écrit de nombreux drames historiques (*Jean Hennuyer, évêque de Lisieux*, 1772), s'intéresse aux milieux populaires dans *L'indigent*, mais c'est *La brouette du vinaigrier* (1775) qui lui vaut son plus grand succès. Appliquant pour l'essentiel les préceptes de Diderot, il y met en scène le milieu commerçant, mais le véritable héros de la pièce est un homme du peuple « frugal et laborieux », qui a préféré l'économie aux aventures du négoce et à la dépense ostentatoire : sa vertu bienfaisante s'oppose à la malhonnêteté de l'aristocrate coureur de dot et sauve de la faillite le commerçant ruiné qui refusait son fils pour gendre.

Dans *L'an 2440, rêve s'il en fut jamais* (1770), sorte de roman utopique (situé dans un « plus tard » et non dans un « ailleurs »), Mercier imagine le Paris de l'avenir, transformé par la politique plutôt que par la science et purgé des défauts dénoncés par les philosophes — au reste peu différent de celui du XVIIIe siècle. Il dira plus tard qu'il fut dans ce livre « le prophète de la Révolution », et il est vrai qu'il y a formulé le « programme » de la révolution bourgeoise, à laquelle il participera d'ailleurs activement, comme député à la Convention et au Conseil des Cinq-Cents.

Mais ce que Mercier a peut-être laissé de plus intéressant à la postérité, c'est son *Tableau de Paris* (publié en douze volumes de 1781 à 1788), où il donne une foule d'informations sur le peuple de la capitale, « et particulièrement sur les idées régnantes et la situation des esprits ». Ouvrage peu littéraire sans doute, « pensé dans la rue et écrit sur la borne » (Rivarol), mais qui conserve pour cette raison la fraîcheur d'un document de première main.

Si Mercier est aujourd'hui bien oublié (4), il eut une influence certaine sur le XIXe siècle (Balzac, Nodier, Baudelaire même), tout comme son contemporain Restif, qui lui ressemble à beaucoup d'égards.

2. Restif de La Bretonne, le paysan de Paris. — L'originalité de Nicolas Restif de La Bretonne (1734-1806), c'est d'être le premier écrivain « paysan » de notre littérature : né dans un village de Bourgogne, à Sacy, il grandit au milieu d'une famille nombreuse et mène la vie libre des champs avant de partir pour Auxerre apprendre le métier d'imprimeur qu'il exerce ensuite à Paris : de cette expérience initiale lui restent la nostalgie de la

---

(4) Des extraits du Tableau de Paris ont cependant été publiés dans la collection « La Découverte » (Maspero), et La brouette du vinaigrier figure au catalogue des classiques Larousse. Voir aussi le dossier publié par Hermann Hofer, L.-S. Mercier et sa fortune, Munich, 1977.

campagne et la fascination de Paris, univers tentateur et redoutable à la fois. A force d'assembler des caractères, il voulut écrire lui-même, pour rivaliser, dit-on, avec les romans de Mme Riccoboni.

Restif a lui aussi le goût des réformes : sa notoriété lui vint d'un projet de règlement pour les prostituées, le *Pornographe* (1769). Il publie ensuite un *Minographe* « pour la réformation du théâtre national » (1770), des *Gynographes* (1777) « pour mettre les femmes à leur place — c'est-à-dire à la couture — et opérer le bonheur des deux sexes »; un *Andrographe* (1782), « pour opérer une réforme générale des mœurs », et enfin un *Thesmographe* (1789) « pour opérer une réforme générale des lois », où il propose une sorte de communisme agraire. Il écrit même — sans le publier — un *Glossographe*, pour réformer l'orthographe et la langue.

Avec toutes ces « idées singulières », Restif se veut aussi un « chroniqueur » fidèle de la réalité, qu'il élargit comme Mercier à tout le peuple : soit qu'il relate ses promenades de « hibou spectateur » dans les *Nuits de Paris* (1788-1793), soit qu'il fasse en 42 volumes l'inventaire des métiers féminins dans les *Contemporaines* (1780-1785). Et le témoignage qu'apportent *La vie de mon père* (1778) ou *Monsieur Nicolas* sur la vie rurale française à la fin de l'Ancien Régime est encore fort apprécié des historiens, tout comme le miroir des mœurs du temps que présentent *Le paysan perverti* et *La paysanne pervertie* (1775 et 1784), romans — par lettres — de la déchéance d'Edmond et de sa sœur Ursule, venus de leur Bourgogne natale pour tomber dans les dangers de la ville.

Ces romans doivent beaucoup aux souvenirs de leur auteur, ainsi qu'à ses obsessions personnelles — l'inceste ou le fétichisme du petit pied. Au fond, Restif n'écrit bien que de lui-même : son meilleur livre, *Sara ou la dernière aventure d'un homme de 45 ans*, histoire mélancolique d'un amant jaloux, s'inspire directement d'un épisode vécu.

Il n'est donc pas étonnant de voir cette œuvre (très abondante) couronnée par l'autobiographie. Déjà certains personnages des romans portaient des noms réels (Gaudet d'Arras ou Mme Parangon). Dans *Monsieur Nicolas ou le cœur humain dévoilé* (16 volumes, 1794-1797), Restif donne enfin « l'histoire et la clé de ses ouvrages : ici la vérité sera dépouillée du clinquant de la fable ». Mais sa vie n'est-elle pas, elle aussi, une « fable » ? « Je suis un livre vivant », s'émerveille-t-il :

c'est qu'il la vit comme un roman, exagérant sans doute le nombre de ses maîtresses — le calendrier ne suffit pas — et surtout interprétant les événements, retrouvant dans ses jeunes maîtresses les filles de ses femmes d'autrefois. Plus encore, il vit le présent comme un souvenir futur, gravant des inscriptions sur les quais de Paris, notant des dates pour verser des larmes lors des anniversaires : pour Restif, il n'est de vraie vie que la « revie ». Pour le lecteur, cette superposition fréquente d'une réalité précise et d'un monde fantastique crée parfois une étrangeté soudaine et fait planer l'ombre du mystère. Faut-il chercher la clé de cet univers dans l'obsession de l'immortalité, dont l'inceste et la paternité ne seraient qu'une image, et que l'autobiographie, transmise à la postérité, garantirait (5) ?

III. — Au fond de l'inconnu...

Le réalisme populaire traduit une sensibilité sociale, mais il offre aussi au public bourgeois un domaine esthétique nouveau : même s'il exprime ce qu'on voit tous les jours, comme l'écrira Sade avec mépris, il fait entrer dans la littérature des gens et des choses qui en étaient exclus auparavant et parvient ainsi à « dépayser » le public. La recherche du pittoresque pour lui-même, qui n'est pas absente chez Restif ou Mercier (la brouette promenée sur la scène), devient évidente dans une pièce comme *Les battus paient l'amende* (1779) de Dorvigny, qui lance la mode du « janotisme » (du nom du personnage principal, Janot). Mais cet intérêt pour les milieux populaires n'est que l'une des formes d'un besoin de renouvellement, d'un désir d'échapper à l'univers étroit de l'homme civilisé, qui s'exprime aussi par la passion de la nature et des voyages, le renouveau de l'exotisme et les différentes variantes du « primitivisme ».

1. La mode de la nature. — Tandis que Delille donne avec ses *Jardins* (1782) le chef-d'œuvre de la poésie descriptive (« Sa gloire passera, les navets resteront », écrit l'insupportable Rivarol), que le prince de Ligne s'émerveille des beautés de son parc (*Coup d'œil sur Belœil*, 1781), la montagne est pour d'autres, poètes et savants, disciples de Rousseau, un champ d'observations et d'émotions inédites : la relation de voyage

---

(5) Cf. la thèse de P. Testud, Restif de La Bretonne et la création littéraire, Genève, 1977.

est un genre à la mode, illustré par Saussure (*Voyage dans les Alpes*, 1779), Michaud (*Voyage au Mont-Blanc*, 1787), Ramond de Carbonnières (*Observations faites sur les Pyrénées*, 1789). La Suisse est devenue un modèle de vie vertueuse et simple et l'on ne se lasse pas de retraduire et d'imiter Gessner : Léonard, Berquin, Chénier illustrent le genre de l'idylle tandis que Florian donne dans la comédie bucolique et le roman pastoral (*Galatée*, 1783, d'après Cervantes; *Estelle et Némorin*, 1788), où la nature est douce et propice comme dans la bergerie de Marie-Antoinette. Mais on la voudrait parfois plus étrange.

2. L'exotisme : Bernardin de Saint-Pierre. — On assiste en effet à un renouveau de l'exotisme, stimulé par les grands voyages de découvertes de Cook, Bougainville, La Pérouse. Si l'Orient garde encore des prestiges et nourrit la méditation d'un Volney (*Les ruines*, 1791) ou l'imagination d'un Beckford (*Vathek*, 1787), si l'Amérique coloniale stimule la réflexion politique, on rêve désormais de Tahiti et des charmes tropicaux des Antilles ou des îles de l'océan Indien. Plusieurs poètes créoles apportent leur contribution (par exemple Parny, auteur des *Chansons madécasses*), mais c'est le Normand Bernardin de Saint-Pierre qui fonde le roman exotique.

Bernardin de Saint-Pierre (1737-1814) mena d'abord une vie aventureuse et difficile : ingénieur militaire, il n'exerce ses talents que par intermittences à Malte, en Hollande, en Russie, en Pologne, en Allemagne, avant de passer deux ans à l'île de France (Maurice) pour le service du roi. Revenu à Paris il fréquente les philosophes puis devient l'ami fidèle de Jean-Jacques Rousseau. Son *Voyage à l'île de France* (1773) étant passé inaperçu, il végète plusieurs années avant que les *Etudes de la nature* (1784) lui procurent la gloire et le poste d'intendant du Jardin du roi. Dans ce livre, il associe à de belles esquisses de peintre (c'est ainsi qu'il commente le mot « études ») et à des descriptions très évocatrices, des idées ridicules sur la Providence qui a créé le monde à l'usage de l'homme (la puce noire sur la peau blanche, l'écume des flots qui révèle aux marins la présence des écueils, le melon prédécoupé).

C'est en annexe à une nouvelle édition des *Etudes* qu'il publie en 1788 *Paul et Virginie*, « espèce de pastorale », mais aussi roman poétique et tragique du paradis perdu de l'enfance et de la nature. Monde perdu d'avance pour le lecteur puisque le récit des événements est fait à l'auteur qui le rapporte, par le vieillard qui en reste le seul témoin. Monde irréel, enfermé dans une vallée écartée d'une île lointaine, monde merveilleux de deux enfants vivant à l'unisson d'une nature qui écarte les périls et satisfait aux besoins — mais une nature qui n'a rien de commun avec celle à laquelle le lecteur français, même lecteur de Rousseau, est habitué : il n'y reconnaît pas les arbres et les fleurs, désignés par une accumulation de noms étranges qui produisent, pour la première fois dans notre langue cet effet poétique dont il sera tant abusé par la suite. Nature parfumée, colorée, bruissante, pour laquelle Bernardin a créé des adjectifs et inventé des métaphores, image admirablement concrète du monde de l'homme naturel dont a rêvé Rousseau.

Mais dans cet éden, l'histoire est présente comme le ver dans le fruit — dans les esprits des deux mères qui sont nées en France et conservent un germe social que les circonstances réactivent : car la société n'est pas loin, représentée dans l'île même par le gouverneur et le prêtre, imposant sa volonté depuis la mer, barrière fragile, lien maudit, obstacle infranchissable, grâce à ces navires chargés de lettres fatales qui enlèvent la jeune fille et ne la rendent pas. Le rêve s'achève en idylle funèbre avec le naufrage et la mort — beau tableau néo-classique de la jeune fille drapée dans ses voiles blancs à la poupe du navire, entre le ciel d'orage et le flot noir. L'issue tragique, la seule possible puisque le mal précédait l'enfance et la condamnait, n'épargne personne, pas même le jardin enchanté des enfants : le pacte rompu, la nature bienfaisante est devenue ennemie.

3. Influences étrangères et mode troubadour. — On voit dans le cas de *Paul et Virginie* comme la nature s'identifie à l'enfance — celle de chacun d'entre nous, mais aussi celle de l'humanité : en cette fin de siècle, le goût de la nature s'accompagne de la nostalgie de mondes moins policés; sous des formes diverses on veut quelque chose de barbare et de sauvage que l'on va chercher dans les littératures nordiques, dans le Moyen Age ou dans la Grèce antique.

Le symbole de la barbarie littéraire, c'est Shakespeare, que Voltaire traite à présent d'ilote ivre tandis qu'une autre génération applaudit aux audaces (pourtant bien timides) des adaptations de Ducis (*Hamlet*, *Roméo et Juliette*, *Le roi Lear*, *Macbeth* sont créés à Paris de 1769 à 1784). Letourneur donne une nouvelle traduction des œuvres en vingt volumes (1776-1783), mais si Shakespeare devient une référence obligée de toute discussion sur les règles et le goût, il est loin d'avoir en France la même influence qu'en Allemagne. En revanche, les prétendus *Poèmes d'Ossian*, traduits par Letourneur en 1777, deviennent la bible de toute une génération et imposent les brumes celtiques à l'imaginaire collectif.

On cherche aussi le dépaysement du côté de l'histoire de France, des temps gothiques en particulier. Cazotte avait écrit un grand poème médiéval (*Ollivier*, 1763), Tressan adapte des romans de chevalerie, dont il publie un recueil en 1782, fondant le genre « troubadour », qui inspire à Mme Riccoboni le décor de quelques nouvelles, avant de devenir un véritable mode dans les toutes dernières années du siècle. Déjà le théâtre a découvert les ressources de la « tragédie nationale » ou du « drame héroïque » : Mercier écrit des drames sur Childéric, Louis XI, la Saint-Barthélemy, l'opéra-comique ressuscite Richard Cœur de Lion et la guerre de Cent Ans, Henri IV surtout est un héros à la mode, assez lointain pour être pittoresque, assez proche pour incarner les vertus du bon roi, tolérant, populaire — philosophe (par exemple dans *La partie de chasse d'Henri IV*, de Collé). Le goût pour les pièces historiques culmine sous la Révolution grâce aux multiples allusions à l'actualité qu'elles permettent : *Charles IX* de Marie-Joseph

Chénier obtient un triomphe exceptionnel en 1789. La formule de la pièce historique doit évidemment beaucoup à Shakespeare, mais cette influence a été relayée par celle des auteurs allemands, dont Bonneville donne un recueil (*Nouveau théâtre allemand*, 1782), cependant que La Martelière traduit *Les brigands* de Schiller dès 1785 ; une pièce comme *La guerre d'Alsace* de Ramond s'inspire directement du *Götz von Berlichingen* de Gœthe.

Si la mode médiévale ne submerge pas encore la littérature française, son influence ne peut se mesurer au seul nombre des œuvres : elle contribue à imposer le décor du « roman noir », châteaux sinistres, souterrains, chambres de torture, qui facilite l'évasion dans le fantastique, ainsi que l'a bien vu Cazotte (*Le diable amoureux*, 1772).

4. **Le retour à la Grèce : André Chénier.** — Il faut aussi comprendre le retour à la Grèce et le « néo-classicisme » moins comme un nouvel académisme, même si ce fut l'aboutissement sous l'Empire, que comme la nostalgie d'un monde encore primitif, d'un âge d'or de l'humanité, une variante du rêve de Bernardin. Homère, dont Bitaubé donne de nouvelles traductions (1780-1785), continue d'être la référence suprême, mais Diderot citait le *Philoctète* de Sophocle à l'appui de sa théorie du drame et les amateurs d'idylles trouvent des charmes à la traduction de Théocrite par Chabanon. L'érudition ne tue pas la fraîcheur, comme le prouve l'abbé Barthélémy : son *Voyage du jeune Anacharsis en Grèce* (1788) rencontre un succès comparable à celui du *Télémaque* en donnant à ses lecteurs, outre une foule d'informations sur le IVe siècle, de nouveaux aliments pour la rêverie. Le *Voyage littéraire de la Grèce* de Guys (1771) et le *Voyage pittoresque de la Grèce* de Choiseul-Gouffier (1782) répondent à la curiosité archéologique et au goût de l'exotisme oriental selon une formule que reprendra Chateaubriand.

La Grèce, jeunesse de l'humanité, mais aussi mère des arts, devait être pour des esprits nourris de culture classique et de philosophie, mais avides de renouvellement, le modèle d'une synthèse harmonieuse. Celle-ci, qui fut réalisée par le classicisme allemand, n'a été qu'esquissée dans l'œuvre d'André Chénier.

André Chénier (1762-1794). — Il ne peut laisser indifférent : sa jeunesse, son destin tragique, son œuvre inachevée font de lui un héros romantique

— et ses poésies, publiées un an avant *Les méditations* de Lamartine, furent accueillies avec enthousiasme par la génération de 1820. Pourtant, il est bien de son temps, frère de Schiller et de Mozart, mélancolique et passionné, impatient de voir des temps nouveaux, mais nourri de philosophie et fidèle aux formes anciennes.

Né à Constantinople (« Byzance, mon berceau ») d'un père négociant et d'une mère grecque, il est « nourri du lait sacré des antiques doctrines » dans sa famille puis au collège, et c'est à la poésie grecque qu'il emprunte tout naturellement les moules où couler son inspiration : élégies et bucoliques, satires et épîtres, odes et iambes se prêtent à l'expression des sentiments d'un cœur toujours prêt à s'enflammer pour Lycoris, Camille ou Fanny, ou à l'indignation que suscitent en lui certains événements de la Révolution. Sa vie ne fut qu'un commencement : il avait trop d'ambition pour se satisfaire d'un état et abandonne l'armée comme la diplomatie. Il voyage, en Suisse, en Angleterre, en Italie, mais ne va pas jusqu'à cette Grèce dont il rêve. Il essaie des formes diverses, mais n'achève aucune œuvre et ne paraît se trouver enfin que dans le journalisme révolutionnaire : il fait le mauvais choix en appelant trop tôt à la clémence et périt sur l'échafaud le 7 thermidor. On put sauver une partie de ses papiers, recopier ses poèmes (que Chateaubriand admira en manuscrit) et les publier enfin en 1819.

C'est l'amour qui tient la plus grande place dans les *Elégies* et les *Bucoliques*, dont le charme, « néoclassique » à la manière de ce que la sculpture du temps a produit de meilleur, est d'exprimer des sentiments sincères et une sensualité certaine dans une forme froide comme le marbre. On pense à des bas-reliefs hellénistiques : même si le souvenir mythologique se fait parfois un peu envahissant ou le pastiche trop évident, la beauté des noms grecs et la douceur du balancement contribuent à quelques réussites incontestables.

Chénier avait entrepris des ouvrages plus ambitieux, un grand poème didactique, *Hermès* (peut-être d'inspiration franc-maçonne) et une épopée *(L'Amérique)*, qui devaient répondre à son célèbre programme (« Sur des pensers nouveaux, faisons des vers antiques »), mais dont les fragments conservés ne font pas regretter l'inachèvement. C'est sans doute dans les poèmes d'actualité que lui inspirent les événements de la Révolution *(Ode à Charlotte Corday)*, dans les *Iambes* vengeurs contre la Terreur ou dans la belle ode écrite en prison *A une jeune captive*, que Chénier trouve ses accents les plus forts, comme si la Révolution, en ressuscitant la violence politique de l'Antiquité, avait libéré un instant la poésie — comme l'éloquence.

IV. — Scepticismes

Chamfort (1741-1794). — Cet enfant naturel choyé par la société aristocratique — féminine surtout — ne trouve pas le bonheur dans ses succès mondains. Académicien, il renonce à publier après quelques pièces de théâtre (*Le marchand de Smyrne*, 1770) et des éloges de Molière et La Fontaine. Il découvre l'amour et la souffrance et se détache d'un monde où il n'a rencontré que « des dîners sans digestion, des soupers sans plaisir, des conversations sans confiance, des liaisons sans amitié et des coucheries sans amour ». Il accueille avec joie la Révolution, collabore aux discours de Mirabeau, fréquente le club des Jacobins, mais la Terreur l'emprisonne et il se suicide peu après sa libération. Après sa mort, son ami Ginguené publie en deux parties (*Maximes et pensées ; Caractères et anecdotes*, 1795), les notes que Chamfort avait prises pour un grand ouvrage sur la société moderne, *Les produits de la civilisation perfectionnée*.

Dans ces fragments, Chamfort se révèle un moraliste sensible, « sombre, souffrant, ardent » (Nietzsche), révolté par la bêtise et l'injustice mais prenant le parti d'en rire : il n'est dupe ni de lui-même (« Ma vie est un tissu de contrastes apparents avec mes principes ») ni des autres (« Au moral et au physique, tout est mixte ; rien n'est un, rien n'est pur »). Misanthrope sans doute par l'effet d'un « amour trop ardent de l'humanité », il a rencontré parfois l'amitié et ressenti que l'amour pouvait être une « réunion complète » même s'il se résume d'ordinaire à un « échange de deux fantaisies et contact de deux épidermes ».

Son impatience sociale, sa mélancolie, son dédain de la carrière et de l'œuvre (« Aimer, penser, sentir, c'est vivre; écrire, c'est perdre son temps »), son destin tragique aussi, font de Chamfort à l'égal de Chénier l'un des produits les plus caractéristiques de cette « civilisation perfectionnée ».

Rivarol (1753-1801). — Lui aussi est homme d'esprit et de salon, célèbre pour ses mots avant d'être couronné par l'Académie de Berlin pour son *Discours sur l'universalité de la langue française* (1784). Il se révèle polémiste féroce pour ses confrères dans le *Petit almanach des grands hommes* (1788) et devient sous la Révolution l'un des meilleurs journalistes de la droite. Emigré, il meurt en exil à Berlin, n'ayant achevé que le *Discours préliminaire* du dictionnaire qu'il projetait. Face aux lumières, Rivarol défend la tradition : refusant de croire au progrès, il assure qu'il « n'y a de bon que l'unité et la fixité, de nuisible que l'innovation et la diversité », car le temps n'est qu'une illusion : « nous passons, il a l'air de marcher ».

V. — **Romans libertins**

Le roman de la fin du siècle manifeste également certains refus de la société au nom des valeurs individuelles. Il est parfois mélancolique, exprimant une impuissance à vivre dans un monde qui n'est pas fait pour des êtres trop sensibles : le *Werther* de Gœthe fut très lu dès sa traduction en 1776 et on en retrouve le ton dans quelques ouvrages de Loaisel de Tréogate (*Dolbreuse*, 1777), ainsi que dans les romans de Belle de Charrière (*Lettres de mistress Henley*, 1784; *Lettres écrites de Lausanne*, 1785; *Caliste*, 1787).

Mais c'est le roman libertin qui exprime le mieux la revendication de certains individus à la veille de la Révolution : le refus des valeurs morales se fait volontiers provocateur dans *Point de lendemain*, courte nouvelle de Vivant Denon (1747-1825), dont le titre dit assez le thème; les aventures pittoresques et les grivoiseries pimentent les romans d'Andrea de Nerciat (*Felicia ou mes fredaines*, 1778) et surtout de Louvet de Couvray (*Les amours du chevalier de Faublas*, 1787-1789), ainsi que les *Mémoires* de Casanova, rédigés en français à partir de 1791 (6). Mais c'est Laclos qui donne le chef-d'œuvre du genre avec *Les liaisons dangereuses*.

Les liaisons dangereuses. — Laclos (1741-1803) reste l'auteur d'un seul livre. Officier d'artillerie des plus compétents, il invente le boulet creux, théorise contre Vauban et contribuera à la victoire de Valmy avant de finir général sous Bonaparte. Mais en 1780, il s'ennuie dans ses garnisons de province entre deux congés à Paris et, désespérant d'atteindre à la gloire militaire, se rabat sur celle des lettres : à l'île d'Aix, qu'il est chargé de fortifier contre les Anglais, il écrit ces « lettres recueillies dans une société et publiées

---

(6) Sur Casanova, voir le numéro spécial de la revue Europe (mai 1987), sous la direction de R. Desné.

pour l'instruction de quelques autres », qui obtiennent un grand succès de scandale en 1782. On a cherché d'abord dans *Les liaisons dangereuses* des clés, comme le sous-titre y invitait, et sans doute offrent-elles un tableau des mœurs du temps d'autant plus subversif que l'auteur reste à distance. Même s'il est un peu excessif d'y voir « une bombe contre l'aristocratie » (R. Vailland), il est vrai que les deux héros maléfiques du roman, Valmont et Mme de Merteuil, appartiennent à la vieille noblesse d'épée, et que le vicomte déploie dans le libertinage les vertus du guerrier que l'époque rend inutiles sur d'autres terrains : la séduction relève de la tactique et son vocabulaire est plein de métaphores militaires; quant à la principale victime de ces chasseurs, la présidente, elle appartient, comme Laclos lui-même, à la noblesse bourgeoise de la robe. Le projet des deux protagonistes est bien de « maîtrise », toute l'intelligence tendue vers la domination d'autrui et le contrôle de ses propres sentiments : pour les libertins, le monde n'est plus qu'un théâtre où ils se regardent agir. Mais à ce jeu, la marquise, ayant su compenser sa faiblesse initiale, dans une société impitoyable aux femmes, par l'étude et une volonté sans faille, domine et manipule Valmont qui ne peut suivre ses principes jusqu'au bout, sans être pourtant capable de les rejeter.

S'ils échouent finalement l'un et l'autre, puisque le roman se termine comme une tragédie par la mort de Mme de Tourvel et celle de Valmont et par la défaite de Mme de Merteuil, symboliquement défigurée, c'est qu'ils refusent d'accepter la nature et l'amour : alors que Mme de Tourvel, proche de cette femme naturelle que souhaite Laclos dans son traité d'éducation des femmes, se laisse transporter par la passion, Valmont, après avoir faibli, fait taire ce sentiment pourtant délicieux par souci de sa gloire, c'est-à-dire de l'opinion de la complice qui lui sert de public. La marquise elle-même, refusant d'admettre qu'elle continue d'aimer Valmont, est condamnée à le haïr. En définitive, dans cette confrontation entre le libertinage et la passion, si prestigieux que soit le premier, c'est la passion qui triomphe — fût-ce dans la mort comme dans *La Nouvelle Héloïse*, dont Laclos se réclame.

Comme le roman de Rousseau, *Les liaisons* sont un roman par lettres, le chef-d'œuvre d'un genre dont elles opèrent peut-être la « liquidation » (L. Versini). Treize correspondants — dont cinq ou six réguliers — s'adressent cent soixante-quinze lettres écrites dans le style propre à chacun : bête et méchant pour Cécile, archaïque et malicieux chez Mme de Rosemonde, moralisant chez Mme de Volanges, sentimental pour Danceny ; le style de la présidente change au rythme de la passion : d'abord mondain et conventionnel, il est ensuite racinien et même rousseauiste. Quant aux protagonistes, ils se dédoublent puisqu'ils écrivent pour agir et ne cessent de commenter leur style et de l'adapter aux effets qu'ils veulent produire.

Mais Laclos parvient à créer une distance supplémentaire par l'ironie et surtout par la multiplication des points de vue sur un même événement : avant et après (projet puis récit), ou reflété par le regard de différents personnages. Jeu de miroirs complété par la construction très géométrique du roman, ballet bien réglé où les symétries s'entrecroisent : au couple fondamental de Valmont et de la Merteuil et aux figures de la séduction (Valmont-Tourvel, Valmont-Cécile), se superposent les oppositions entre la femme naturelle et la femme révoltée (Tourvel-Merteuil), entre la femme supérieure et sa piètre émule (Merteuil-Cécile) ou celle de l'aristocrate libertin et du bourgeois sentimental (Valmont-Danceny). Les facettes du roman par lettres se prêtent admirablement à la réfraction d'une réalité à reconstruire à partir de ce livre-diamant « qui brûle à la manière de la glace » (Baudelaire).

Après son chef-d'œuvre, Laclos écrivit encore un *Traité de l'éducation des femmes* (1783) qui peut servir de contrepoint aux *Liaisons* : c'est la société qui en rendant les femmes esclaves les oblige à ruser, seule une révolution pourrait changer leur sort. Après quoi, hors quelques écrits militaires, Laclos fit surtout de « la besogne sous le nom des autres », pour le duc d'Orléans surtout, dont il fut l'agent politique et coordonna les intrigues brouillonnes au début de la Révolution. Au reste, bon père et bon époux, très différent, semble-t-il, de ses personnages : la création littéraire a de ces mystères. Chez Sade, en revanche, la biographie et l'œuvre sont intimement liées.

Sade (1740-1814). — Marginal et monstrueux, Sade représente l'aboutissement de la philosophie du XVIIIe siècle, en même temps que sa négation radicale. Aristocrate de vieille souche, élevé en Provence dans un château médiéval, il passe trente ans de sa vie en prison pour anachronisme moral et se venge dans une œuvre qui a paru contemporaine aux surréalistes.

Après une enfance solitaire, Donatien-Alphonse-François de Sade fut officier de cavalerie pendant la guerre de Sept ans, puis réformé; marié contre son gré à la riche héritière d'une famille de robe, il se livre très tôt à un libertinage violent qui choque assez les juges d'Aix pour le faire condamner à mort : l'arrêt sera cassé, mais Sade est incarcéré par lettre de cachet, à la demande de sa belle-mère, à Vincennes d'abord (de 1777 à 1784), puis à la Bastille où il demeure jusqu'en juillet1789, à Charenton enfin, d'où la Révolution le tire l'année suivante. C'est pendant ces années qu'il commence à écrire ses fantasmes sur de longs rouleaux qu'il cache dans les murs de sa cellule. Sous la Révolution, il participe aux débats de la section des piques, mais se trouve de nouveau emprisonné, pour modérantisme dès la fin de 1793. La liberté des mœurs lui permet de publier plusieurs livres au temps du Directoire, mais Bonaparte le renferme à Charenton, d'où il ne sortira plus jusqu'à sa mort : il y écrit de nouveaux romans, d'inspiration historique et médiévale, ainsi que des pièces de théâtre qu'il fait jouer par les autres pensionnaires de l'hospice. L'expérience capitale de Sade, c'est donc celle de la prison : enfermé à trente ans pour des violences sexuelles mineures (il n'a jamais tué personne), condamné à la solitude, il se nourrit d'images et de haine — contre sa belle-mère, contre ses juges, contre sa femme, dont les violences de ses livres le vengeront.

Sa production littéraire est double. Tantôt écrivant pour être publié il s'avance masqué, tantôt n'écrivant que pour lui-même — ou pour un public particulièrement libre au temps du Directoire —, il fait œuvre vraiment originale. Le Sade « avouable » s'est essayé à des genres divers : historiettes et fabliaux *(Le président mystifié)*, nouvelles psychologiques *(Les crimes de l'amour*, romans historiques *(La marquise de Gange*, *Histoire secrète d'Isabelle de Bavière)*. De cette production émerge un « roman philosophique », *Aline et Valcour*, écrit vers 1785-1788 et publié en 1795, qui juxtapose un roman par lettres et un double récit. Dans le premier, le président de Blamont persécute sa femme, qui meurt empoisonnée, et veut contraindre sa fille, amoureuse de Valcour, à épouser Dolbourg, un vieux libertin : Valcour est assassiné et Aline se tue. Les mémoires transportent ensuite deux autres personnages, Sainville et Léonore (sœur d'Aline) à travers le monde, en passant par une île utopique, à la recherche l'un de l'autre. Tout cela est assez décevant.

Le « sadisme » se manifeste beaucoup plus clairement dans les trois versions de l'histoire de Justine : *Les infortunes de la vertu*, écrite en 1787 ; *Justine ou les malheurs de la vertu*, publiée en 1791 ; *La Nouvelle Justine*, suivie de *L'histoire de Juliette*, publiée en 1797. Sur un même thème, la persécution d'une héroïne vertueuse par une providence libertine, Sade ne cesse de rajouter de nouveaux épisodes — et discours — jusqu'à l'amplification mythique de la dernière version. Dans les deux premiers récits, écrits à la première personne, c'est la victime qui décrit les inventions cruelles des libertins et reproduit leurs propos, d'une obscénité élégante. Avec la dernière version, présentée à la troisième personne dans un style plus brutal, on a complètement changé d'échelle, puisque de la cruauté on est passé au crime et à l'extermination massive et méthodique. D'autres œuvres de Sade ont un caractère encore plus nettement pornographique : *La philosophie dans le boudoir* (1795) — l'éducation libertine d'une jeune fille que l'on amène à torturer sa mère — ou *Les 120 journées de Sodome* (écrites vers 1785), énumération inlassable, mais restée inachevée, de perversions en tout genre.

Tous ces romans véritablement sadiens ont en commun de faire alterner des « scènes » et des discours. Les scènes, conçues pour provoquer la jouissance du prisonnier-lecteur, supposent un décor « noir » (couvent isolé, forteresse, cave voûtée), une chorégraphie et un rituel soigneusement réglés, des spectateurs-acteurs (le voyeurisme du lecteur-spectateur passant par le regard des personnages libertins), ainsi qu'une identification à la victime, réduite à une complète impuissance, que le libertin prend plaisir à souligner. Mais ce n'est pas la seule fonction de leur discours : ces libertins ne cessent de prêcher, avec force arguments, une « morale » cohérente, qui emprunte ses éléments à la philosophie du siècle, pour mieux la renverser. Poussant le matérialisme de Diderot à ses conséquences ultimes, et constatant que la mort est le moyen dont se sert la nature pour reconstruire, Sade en conclut que le meurtrier ne fait qu'accomplir ses desseins. Refusant le compromis qui amène les athées à rétablir les droits de la morale au nom de la valeur sociale, Sade proclame les droits de l'individu criminel, dont le seul principe est de jouir — et la douleur excitant les nerfs plus que le plaisir, de jouir par la souffrance d'autrui.

Ainsi la philosophie universaliste des Lumières était retournée pour servir la proclamation anarchiste du dernier survivant de la féodalité : l'anti-Rousseau, le « Newton de l'anormal », revendiquant hautement sa perversion, ouvrait à la conscience humaine des abîmes qu'elle n'osa pas tout de suite regarder en face, puisque l'œuvre de Sade, admirée par Baudelaire, exaltée par Apollinaire, n'a cessé d'être interdite que vers 1960.

CONCLUSION

Inépuisable xviiie siècle! Si proche du passé le plus traditionnel, encore médiéval à bien des égards, il invente notre monde matériel et culturel et en explore dans la fièvre tous les chemins — et les impasses. Né sous Louis XIV, quand il s'achève sous Bonaparte, il a commencé la révolution industrielle, ouvert des débats politiques qui sont loin d'être achevés, poussé très loin l'audace intellectuelle et morale. Il n'a pas évité les contradictions : classique et moderne, rationnel et sensible, raisonnable et utopique, délicat et barbare, éclairé et nocturne, sarcastique et larmoyant, il est tout cela simultanément — et non successivement. C'est sa richesse.

Le xviiie siècle français, c'est-à-dire européen, n'a pas fini de nourrir des recherches multiples, en Amérique latine et au Japon, aux Etats-Unis comme en Union soviétique : la bibliographie est innombrable. Et il ne s'agit pas seulement de relectures, de l'essai de nouveaux instruments critiques, le champ de l'investigation lui-même n'est pas encore complètement délimité : Challe et Deschamps étaient quasiment inconnus il y a trente ans, les manuscrits de Diderot livrent sans cesse de nouveaux secrets — et ne vient-on pas de renouveler une partie de notre savoir sur Montesquieu (1)? L'exploration continue!

---

(1) Cf. l'article de R. Pomeau dans la RHLF, 1982-2.

BIBLIOGRAPHIE

1) *L'arrière-plan historique*

P. Chaunu, La civilisation de l'Europe des Lumières, 1971 ; P. Goubert, L'Ancien Régime, 2 vol. 1969 et 1973 ; P. Gaxotte, Le siècle de Louis XV, rééd. 1974 ; H. Méthivier, Le siècle de Louis XV, rééd. 1977 ; R. Mandrou, L'Europe absolutiste, 1977, et La France aux XVIIe et XVIIIe siècles, 1967 ; A. Soboul *et al.*, Le siècle des Lumières : L'essor, (1715-1750), 2 vol. 1977 ; R. Mousnier, Les institutions de la France sous la monarchie absolue, 2 vol. 1974-1980 ; M. Denis, Le XVIIIe siècle, 1970 ; E. Labrousse et P. Léon, Histoire économique et sociale de la France (1660-1789), 1970 ; G. Chaussinand-Nogaret, La noblesse au XVIIIe siècle, rééd. Bruxelles, 1985 ; pour la vie quotidienne, ne pas négliger les ouvrages de J. Meyer (La Régence), G. Chaussinand-Nogaret (le règne de Louis XV), F. Bluche (la noblesse, le règne de Louis XVI), B. Plongeron (le clergé).

2) *Auteurs, éditeurs, lecteurs*

Cardinal Grente *et al.*, Dictionnaire des lettres françaises : le XVIIIe siècle, 1960 ; J. Bertaut, La vie littéraire au XVIIIe siècle, 1954 ; J. Lough, Writer and public in France, Oxford, 1978 ; D. Mornet, Les salons dans la vie parisienne au XVIIIe siècle, 1926 ; B. Craveri, Madame du Deffand et son monde, 1987 ; R. Darnton, Bohême littéraire et révolution : le monde des livres au XVIIIe siècle, 1983 ; P. Retat (éd.), Le journalisme d'Ancien Régime, Lyon, 1982 ; C. Bellanger, J. Godechot *et al.*, Histoire générale de la presse française, t. 1 : Des origines à 1814, 1969 ; J. Sgard *et al.*, Dictionnaire des journalistes (1600-1789), Grenoble, 1976 ; Collectif, Histoire de l'édition, t. 2 : Le livre triomphant (1660-1830), 1984 ; H.-J. Martin, Le livre français sous l'Ancien Régime, 1987 ; S. Tucoo-Chala, Ch. J. Panckoucke et la librairie française, 1977 ; E. Darnton, L'aventure de l'Encyclopédie, 1981 ; A. Dupront, F. Furet *et al.*, Livre et société dans la France du XVIIIe siècle, 2 vol., 1965-1970 ; A. Chartier, Lectures et lecteurs dans la France d'Ancien Régime, 1986 ; F. Furet et J. Ozouf, Lire et écrire : l'alphabétisation des Français de Calvin à Jules Ferry, 1977 ; G. Bollème et L. Andriès, Les contes bleus, 1983 ; *Dix-huitième siècle*, Littératures populaires, 1986 ; R. Mandrou, De la culture populaire aux XVIIe et XVIIIe siècles, rééd. 1975 ; A. Farge, Le miroir des femmes, 1982.

3) *Les lumières*

R. Mousnier, E. Labrousse et M. Bouloiseau, Le XVIIIe siècle révolution intellectuelle, technique et politique, 1953 ; J. Starobinski, L'invention de la liberté, 1964 ; R. Pomeau, L'Europe des lumières, rééd. 1981 ; B. Didier, Le siècle des lumières, 1987 ; L. Réau, L'Europe française au siècle des lumières, 1951 ; P. Francastel *et al.*, Utopie et institutions au XVIIIe siècle : le pragmatisme des lumières, 1963 ; F. Bluche, Le despotisme éclairé, 1968 ; P. Hazard, La crise de la conscience européenne, rééd. 1963, et La pensée européenne de Montesquieu à Lessing, 1946 ; A. Adam, Le mouvement philosophique dans la première moitié du XVIIIe siècle, 1967 ; E. Labrousse, Le dictionnaire de Bayle et la lutte philosophique au XVIIIe siècle, 1971 ; D. Bourel et Y. Belaval, Le siècle des lumières et la Bible, 1987 ; E. Cassirer, La philosophie des lumières, rééd. 1982 ; A. Corvisier, Arts et société dans l'Europe du XVIIIe siècle, 1978 ; J. Chouillet, L'esthétique des lumières, 1974 ; R. Koselleck, Le règne de la critique, 1979 ; H. Taine, Les origines de la France contemporaine, rééd. 1985 ;

D. Mornet, Les origines intellectuelles de la Révolution française, 1933 ;
B. Groethuysen, Philosophie de la Révolution française, 1956 ; G. Weulersse, La physiocratie, 1950 ; G. Gusdorf, Les sciences humaines et la pensée occidentale, t. 4 à 8, 1972-1978 ; Ira O. Wade, The structure and form of the Enlightenment, Princeton, 1977 ; P. Bénichou, Le sacre de l'écrivain, 1973 ; J. Fabre, Lumières et romantisme, réed. 1980 ; G. Benrekassa, Le concentrique et l'excentrique : marges des lumières, 1980 ;
B. Baczko, Lumières de l'utopie, 1978 ; P. Chevallier, Histoire de la franc-maçonnerie française, 1974.

4) *Histoire littéraire et genres littéraires*

Manuels de R. Jasinski (nouv. éd. 1966), J. Roger (1970), A. Adam (1967), P. Abraham et R. Desné (1969), ainsi que l'Encyclopédie de la Pléiade, et les tomes 8 à 11 de Littérature française (Arthaud) dus à R. Pomeau (1680-1720), J. Ehrard (1720-1750), R. Mauzi et S. Menant (1750-1778), B. Didier (1778-1820) ; G. Mailhos et M. Launay, Introduction à la vie littéraire du XVIIIe, 1968.
Sur le roman, H. Coulet, Le roman jusqu'à la Révolution, 1967 ; G. May, Le dilemme du roman, 1963 ; G. Barguillet, Le roman français au XVIIIe, 1981 ; F. Weil, L'interdiction du roman et la librairie, 1986 ; J. Rustin, Le vice à la mode : étude sur le roman français du XVIIIe siècle, 1979 ; Collectif, Roman et lumières au XVIIIe siècle, 1970 ; V. G. Mylne, The 18th century French novel : techniques of illusion, réed. Cambridge, 1981 ; L. Versini, Le roman épistolaire, 1979 ; M. Mercier, Le roman féminin, 1976 ; P. Fauchery, La destinée féminine dans le roman européen du XVIIIe siècle, Lille, 1972 ; R. Granderoute, Le roman pédagogique de Fénelon à Rousseau, Genève, 1985 ; A. Martin, La Bibliothèque universelle des romans (1775-1789), Oxford, 1985 ; R. Wolf, Der französische Roman um 1780, Bern, 1980.
Pour faire l'inventaire, S. P. Jones, A list of French prose (1700-1750), New York, 1939, et A. Martin, V. Mylne, R. Frautschi, Bibliographie du genre romanesque français (1750-1800), 1977.
Pour les fictions plus courtes, R. Godenne, Histoire de la nouvelle française aux XVIIe et XVIIIe siècles, 1970 ; A. Martin, Anthologie du conte en France (1750-1799), 1981 ; R. Robert, Le conte de fées littéraire en France, Nancy, 1982.
Sur le théâtre : C. D. Brenner, A bibliographical list of plays in the French language (1700-1780), Berkeley, 1948 ; P. Larthomas, Le théâtre en France au XVIIIe, 1980 ; J. Truchet, Théâtre du XVIIIe, 2 vol. 1972-1974 (Pléiade) ; H. Lagrave, Le théâtre et le public en France de 1715 à 1750, 1973 ; F. Moureau, Dufresny, auteur dramatique et essayiste (1657-1724), 1979 ; F. Gaiffe, Le drame en France au XVIIIe, réed. 1971 ; A. Boës, La lanterne magique de l'histoire, essai sur le théâtre historique en France de 1750 à 1789, Oxford, 1982 ; J. Scherer, La dramaturgie de Beaumarchais, 1954 ; M. Descotes, Les grands rôles du théâtre de Beaumarchais, 1974 ; Beaumarchais (numéro spécial de la RHLF, 1984).
Sur la poésie : S. Menant, La chute d'Icare : la crise de la poésie française (1700-1750), Genève, 1981 ; E. Guitton, Delille et la poésie de la nature de 1750 à 1820, 1974 ; J. Roudaut, Poètes et grammairiens au XVIIIe siècle, 1971 ; J. Fabre, Chénier, 1965 ; Cahiers Roucher-Chénier, Versailles (depuis 1980).

5) *Les principaux auteurs*

Voltaire : Œuvres complètes, Oxford (depuis 1968), 150 volumes prévus ; Desnoiresterres, Voltaire et la société du XVIIIe siècle, 8 vol., réed. 1967 ; R. Pomeau, La religion de Voltaire, 1956, Voltaire par lui-même, 1955, et Politique de Voltaire, 1963 ; A.-M. Rousseau, L'Angleterre et Voltaire, Oxford, 1976 ; C. Mervaud, Voltaire et Frédéric II, une dramaturgie des lumières (1736-1778), Oxford, 1985 ; J. Van den Heuvel, Voltaire dans ses contes, 1967 ; Th. Besterman, Voltaire, 1976 ; J. Orieux, Voltaire, 1966 ; Studies on Voltaire and the 18th century, Oxford, depuis 1955 ; Etat des travaux sur Voltaire dans la RHLF, 1979.

Montesquieu : J. Starobinski, Montesquieu par lui-même, 1953 ; L. Althusser, Montesquieu, la politique et l'histoire, 1959 ; R. Shackleton, Montesquieu, 1977 ; P. Vernière, Montesquieu ou la raison impure, 1977 ; J. Ehrard, Politique de Montesquieu, 1965.

Marivaux : F. Deloffre, Une préciosité nouvelle : Marivaux et le marivaudage, rééd. 1967 ; M. Deguy, La machine matrimoniale de Marivaux, 1981 ; L. Desvignes-Parent, Marivaux et l'Angleterre, 1970 ; H. Coulet, Marivaux romancier, 1976 ; J. Lacant, Le théâtre de Marivaux en Allemagne, 1974 ; M. Gilot, Les journaux de Marivaux, Lille, 1974.

Prévost : J. Sgard, Prévost romancier, 1968 ; A. J. Singerman, L'abbé Prévost : l'amour et la morale, Genève, 1986 ; Colloque d'Aix, L'abbé Prévost, sa vie, son œuvre, son influence, Gap, 1965 ; Cahiers Prévost d'Exiles, Grenoble (depuis 1984).

Diderot : Œuvres complètes en cours de publication par H. Dieckmann, J. Proust et J. Varloot, 33 vol. prévus ; F. A. Spear, Bibliographie de Diderot, Genève, 1980 ; A. M. Wilson, Diderot, sa vie et son œuvre, 1985 ; J. Proust, Diderot et l'Encyclopédie, 1962 et Lectures de Diderot, 1974 ; J. Chouillet, Diderot, 1977, La formation des idées esthétiques de Diderot, 1973 et Diderot, poète de l'énergie, 1984 ; E. M. Buckdahl, Diderot critique d'art, 2 vol. 1980-1982 ; R. Kempf, Diderot et le roman, 1964 ; J.-P. Séguin, Diderot, le discours et les choses, 1978 ; G. Daniel, Le style de Diderot, Genève, 1986 ; R. Mortier, Diderot en Allemagne, 1954 ; Y. Benot, Diderot, de l'athéisme à l'anticolonialisme, rééd. 1981 ; A.-M. Chouillet (éd.), Colloque international Diderot, 1985 ; Diderot Studies, Genève.

Rousseau : J. Starobinski, La transparence et l'obstacle, rééd. 1971 ; G. May, Rousseau par lui-même, 1961 ; B. Baczko, Rousseau, solitude et communauté, 1974 ; M. Launay, Rousseau écrivain politique, 1971 ; R. Derathe, J.-J. Rousseau et la science politique de son temps, 1950 ; M. et L. Launay, Le vocabulaire littéraire de J.-J. Rousseau, Genève, 1979 ; P. Burgelin, La philosophie de l'existence de J.-J. Rousseau, 1952 ; M. Raymond, La quête de soi et la rêverie, 1962 ; J.-L. Lecercle, Rousseau et l'art du roman, 1969 ; R. Trousson, Rousseau et sa fortune littéraire, 1971 ; Dossier de la RHLF, 1975 ; Annales Jean-Jacques Rousseau, Genève.

Divers : L. Versini, Laclos et la tradition, 1968 ; R. Pomeau, Laclos, 1975 ; numéro spécial de la RHLF sur Laclos, 1982 ; H. U. Seifert, Sade : Leser und Autor, Frankfurt, 1983 ; M. Hénaff, Sade l'invention du corps libertin, 1978 ; G. Lély, Vie du marquis de Sade, 1982 ; Colloque d'Aix, Le marquis de Sade, 1966 ; P. Testud, Restif de la Bretonne et la création littéraire, Genève, 1977 ; Etudes rétiviennes, depuis 1985 ; G. Decote, L'itinéraire de J. Cazotte (1719-1792), Genève, 1984 ; Y. Coirault, L'optique de Saint-Simon, 1965.

Pour d'autres auteurs, voir la bibliographie des genres littéraires ou les notes infrapaginales.

6) *Etudes thématiques et particulières*

R. Mauzi, L'idée du bonheur au XVIIIe siècle, 1960 ; J. Ehrard, L'idée de nature en France dans la première moitié du XVIIIe siècle, 1963 ; R. Mercier, La réhabilitation de la nature humaine, 1960 ; P. Vernière, Spinoza dans la pensée française, 1954 ; J. Roger, Les sciences de la vie dans la pensée française du XVIIIe, 1963 ; O. Bloch *et al.*, Le matérialisme du XVIIIe siècle et la littérature clandestine, 1982 ; P. Naville, D'Holbach et la philosophie scientifique au XVIIIe siècle, 1943 ; M. Duchet, Anthropologie et histoire au siècle des lumières, rééd. 1977 ; R. Favre, La mort et la pensée française au siècle des lumières, 1978 ; J. Deprun, La philosophie de l'inquiétude, 1979 ; J. Dagen, L'esprit dans la pensée française, 1977 ; P. Hoffmann, La femme dans la pensée des lumières, 1977 ; S. Auroux, La sémiotique des encyclopédistes, rééd. 1979 ; A. Monglond, Histoire intérieure du préromantisme français, rééd. 1966 ; P. Trahard, Les maîtres de la sensibilité française, 4 vol. 1931-1933.

INDEX

Académie française, 10, 18, 34, 51, 53.
Addison, 26.
Alembert (d'), 8 n., 9, 13, 18, 37, 42, 44, 51, 54 à 56, 65, 88.
Amérique, 40, 43, 48, 62, 83, 100, 108, 113.
Anglaise (influence), 17, 26, 28, 32 à 37, 41, 43, 48-49, 54, 58, 66, 73, 110.
Argenson (d'), 70.

Babeuf, 70.
Bacon, 32.
Baculard d'Arnaud, 68, 69.
Barthélemy, 111.
Baudelaire, 106, 118, 120.
Bayle, 36, 58.
Beaumarchais, 50, 53, 68, *101-104*.
Beauvillier, 5.
Beckford, 108.
Belloy, 48.
Bernardin de Saint-Pierre, 66, 99, *108-110*.
Berquin, 108.
Berthier, 54, 60.
Boccace, 23.
Boileau, 13, 104.
Boindin, 11, 36 n.
Boisguilbert, 3 n.
Bonneville, 111.
Boufflers, 50.
Bougainville, 48, 80, 108.
Bougeant, 24.
Boulainvilliers, 12 n., *38-39*.
Boulanger, 61.
Brissot, 102.
Brosses (de), 8 n., 10, 59.
Brumoy, 17.
Buffon, 8 n., 10, 12, 37, 47, *63-65*.

Cagliostro, 47.
Carmontelle, 67.

Carra, 100.
Casanova, 115.
Cassini, 46.
Catherine II, 50, 56, 77, 83, 84.
Cazotte, 22, 110, 111.
Cervantes, 22, 108.
Challe, *22-23*.
Chamfort, 50, *113-114*.
Charlevoix, 40.
Charrière (Mme de), 115.
Chastellux, 100 n.
Châtelet (Mme du), 33-34.
Chaulieu, 15.
Chénier (A.), 109, *111-113*, 114.
Chénier (M.-J.), 110.
Chine, 40.
Choiseul-Gouffier, 111.
Cloots, 100.
Cochin, 49, 58.
Colardeau, 69.
Collé, 67, 112.
Condillac, 8 n., 10, 37, *65-66*, 73, 85, 92.
Condorcet, 50, 61, 100.
Corneille, 15.
Courtilz de Sandras, 24.
Crébillon, 10, 14, 16, 17.
Crébillon (fils), 8 n., 12, 22, *28*.
Crèvecœur, 100.

Dacier (Mme), 15.
Dancourt, 14.
Daubenton, 64.
Deffand (Mme du), 9, 18, 51.
déisme, 33, 62, 73, 94.
Delille, 107.
Delisle de Sales, 53.
Denon, 116.
Descartes, 32, 35, 37.
Deschamps, *70-71*.
Desfontaines, 11.
Destouches, *17*.
Diderot, 8 n., 9, 50-58, *67*, 69, 70, *72-84*, 85, 88, 99, 101, 104-105, 111.

125

Dorat, 69.
Dorvigny, 107.
Dubos, 10, 13 n., *39*, 44.
Ducis, 110.
Duclos, 10, 11, *28*, 51, 55.
Dufresny, 14, 29.
Duhamel du Monceau, 47.
Dumarsais, 12 n., 36 n.

Epinay (Mme d'), 51, 96.
Eschyle, 17.

Falconet, 11, 54. 75.
Fénelon, 5, 15.
Florian, 108.
Fontenelle, 9, 11, 18, 34, 35, 36 n.
Fougeret de Montbron, 28.
Franklin, 47.
Frédéric II, 34, 39, 48, 50, 59, 83, 96.
Fréret, 11, 36 n.
Fréron, 11, 56.

Galland, 22.
Genlis (Mme de), 69.
Geoffrin (Mme), 51.
Gérard, 69.
Gessner, 69, 108.
Gœthe, 78, 99, 111, 115.
Goldoni, 49.
Graffigny (Mme de), 28.
Grèce antique, 8, 15, 17, 49, 52, 86, 95-96, 111, 113.
Gresset, 16, 17.
Grimm, 51, 52, 76.
Guibert, 48.
Guillard, 69.

Hamilton, 24.
Hegel, 70, 78.
Helvétius, 47, 50, 51, 55, 66.
Henri IV, 16, 39, 110.
Holbach (d'), 50, 51, 54, 61, 63, 75.
Homère, 15, 18, 111.

Inquisition, 44, 100.

Jansénistes, 4, 8, 11, 14, 15, 33, 55, 56, 60.
Jaucourt, 55, 56.
Jésuites, 4, 8, 11, 40, 50, 55, 56, 60.

Labat, 40.
La Bruyère, 29.
Laclos, 51, *115-118*.

La Condamine, 35, 55.
La Fare, 15.
La Fayette, 47.
La Harpe, 52, 67.
La Hontan, 24, 36, 40.
Lambert (Mme de), 9, 18.
La Mettrie, 8 n., 36, *37*.
La Morlière, 28.
La Motte-Houdar, 14-17.
La Noue, 17.
Lavoisier, 47.
Leblanc de Guillet, 67.
Lebrun-Pindare, 69.
Lefranc de Pompignan, 11, *14*, 56.
Lelong, 38.
Lemierre, 67, 69.
Leprince de Beaumont (Mme), 69.
Lesage, 10, *14*, *24*.
Lespinasse (Julie de), 51, 79.
Letourneur, 110.
Ligne, 53, 107.
Lillo, 17.
Linguet, 100.
Linné, 64.
Loaisel de Tréogate, 115.
Locke, 32, 37, 66, 73.
Louis XIII, 40.
Louis XIV, 3-5, 39.
Louis XV, 6-7, 45.
Louis XVI, 46, 48, 83, 84.
Louvet de Couvray, 115.

Mably, 10, 73, *100*.
Malesherbes, 52, 53, 55.
Malfilâtre, 50, 69.
Mandeville, 36.
Marana, 29.
Marat, 100, 101.
Maréchal, 69, 100.
Marivaux, 6, 8 n., 9, 10, 16, *17-21*, 23, *25-26*.
Marmontel, 9, 10, 50, 51, 55, *68*.
Maupéou, 46, 83.
Maupertuis, 35.
Mercier, 50, 52, 53, 68, 69, *104-105*, 107, 110.
Meslier, 12 n., 36 n, 61.
Mesmer, 47.
Michaud, 108.
Mirabaud, 36 n.
Mirabeau, 50, 53, 113.
Mirabeau (père), 46.

Molière, 14, 18, 113.
Moncrif, 10.
Montesquieu, 4, 8 n., 9, 10, 12, 27, *28-30*, 35, 36, *40-44*, 55, 121.
Moreau, 55.
Morellet, 53, 55, 56.
Morelly, *69-70*.
Moyen Age, 16, 38, *112*, 119.

Necker, 51, 55.
Nerciat, 115.
Newton, 31, 35, 36, 62, 73, 120.
Nivelle de La Chaussée, 17.
noblesse, 6, 8, 31, 38-39, 44, 47, 67, 104, 117, 120.
Nollet, 34.

Orléans (le Régent), 5.
Orléans (Philippe-Egalité), 47, 119.

Palissot, 51, 55, 56, 77.
Panckoucke, 50.
Parmentier, 47.
Parny, 108.
Pascal, 33, 42.
Perrault, 22.
Perse, 28-30.
Pétis de La Croix, 22.
Physiocratie, 47.
Piron, 11, 16, 17.
Pluche, 34, 64.
Plutarque, 86.
Pompadour (Mme de), 45.
Pope, 34.
Prades, 53, 54, 55.
Prévost, 8 n., 10, 23, *26-28*, 40, 47.

Quesnay, 47, 55.
Quinault, 14.

Racine (Jean), 14, 15, 27, 104, 117.
Racine (Louis), 14.
Ramond, 109, 112.
Raynal, 8, 53, 75, 83, 101.
Réaumur, 35.
Regnard, 14.
Restif de La Bretonne, 52, *105-107*.
Riccoboni (Mme), 69, 106, 110.

Richardson, 75, 90.
Rivarol, 50, 105, 107, *114*.
Rollin, 8 n., 38.
Roucher, 69.
Rousseau (J.-B.), 11, 12, *14*, 15.
Rousseau (J.-J.), 9, 12, 44, 51 à 54, 62, 71, 73, 75, *84-98*, 100, 108, 117, 120.
Russie, 43, 83.

Sade, 50, 53, 108, *118-120*.
Saint-Cyr, 55.
Saint-Evremond, 4.
Saint-Lambert, 50, 69, 89.
Saint-Simon, *5*, *39*.
Sartine, 53.
Saurin, 68.
Saussure, 108.
Schiller, 100, 111, 112.
Scudéry (Mlle de), 21.
Sedaine, 50, 67.
Sénèque, 52, 84.
Shaftesbury, 36, 73.
Shakespeare, 17, 33, 49, *110*, 112.
Simon (Richard), 36.
Sophocle, 15, 17, 111.
Spinoza, 12 n., 124.
Steele, 26.
Suard, 51.

Tacite, 43.
Tavernier, 40.
Tencin (Mme de), 9, 28.
Thomas, 69.
Thomson, 69.
Tressan, 110.
Turgot, 46, 83.
Turquie, 28, 62.

Urfé (d'), 21.

Vauban, 3 n.
Vauvenargues, *37-38*.
Vertot, 38.
Voisenon, 10, 22.
Volney, 109.
Voltaire, *passim*, *15-16*, *31-34*, *39-40*, *59-63*.

Watelet, 69.
Winckelmann, 49.

TABLE DES MATIÈRES

PREMIÈRE PARTIE
LA PÉRIODE ROCOCO

CHAPITRE PREMIER. — Le temps et l'esprit du temps ... 3
  I. De Louis le Grand à Louis le Bien-Aimé, 3. — II. Les écrivains et leur public, 7.

CHAPITRE II. — Les belles-lettres 13
  I. Les grands genres, 13. — II. Conte, histoire, roman, 21.

CHAPITRE III. — Naissance de la philosophie 31
  I. Physique et métaphysique, 31. — II. Histoire et société, 38.

DEUXIÈME PARTIE
LE TRIOMPHE DES LUMIÈRES

CHAPITRE PREMIER. — La fin de l'Ancien Régime et le « sacre de l'écrivain » 45
  I. Eclat et déclin de la monarchie, 45. — II. Règne de l'opinion et sacre de l'écrivain, 49.

CHAPITRE II. — L'âge de l' « Encyclopédie » 54
  I. L'*Encyclopédie*, 54. — II. Voltaire et le combat pour la tolérance, 59. — III. Une encyclopédie parallèle : l'*Histoire naturelle* de Buffon, 63. — IV. Condillac et le sensualisme, 65. — V. Les genres littéraires « à l'enseigne de l'Encyclopédie », 66. — VI. Deux marginaux : Morelly et Deschamps, 69.

CHAPITRE III. — Les « frères ennemis » : Diderot et Rousseau 72
  I. Diderot, 72. — II. Jean-Jacques Rousseau, 84.

CHAPITRE IV. — La génération prérévolutionnaire 99
  I. Vers la Révolution, 99. — II. Deux réalistes : Restif et Mercier, 104. — III. Au fond de l'inconnu..., 107. — IV. Scepticismes, 113. — V. Romans libertins, 115.

CONCLUSION 121

BIBLIOGRAPHIE 122

INDEX 125